박성철 박사의 『종교 중독과 기독교 파시즘』이 나오게 되어 무척 반갑다. 이 책은 기독교 근본주의를 종교 중독과 기독교 파시즘이라는 개념을 중심으로 분석하고 정치신학의 관점에서 비판한다. 이 책은 작금의 보수 교단과 일부 대형교회들이 보이는 "교회 지도자 숭배", "교회의 사유화", "추종자에 대한 학대", "반대자에 대한 공격성" 그리고 "편집증적 반공주의"를 기독교 근본주의의 특징으로 지적하면서 하나님 나라를 위한 기독교의 가치와 그리스도인의 책임이 무엇인지를 안내해준다. 여성신학자의 입장에서 볼 때, 이 책의 장점은 기독교 근본주의가 보이는 권위주의와 차별 기제를 다루면서 여성차별을 "성경적"이라고 정당화하는 가부장제에 대한 집착이 비기독교적인 것이며 종교 병리의 문제임을 보여주는 데 있다. 독자들은 이 책을 통해 성경에서 말하는 진정한 권위란 "권위주의"와 "차별"이 아니라 긍휼과 연민 그리고 상호 인정과 섬김에서 나온다는 진리를 붙잡게 될 것이며, 그리스도인으로서 빛과 소금의 역할을 어떻게 감당해야 할지 도전받을 것이다.

강호숙 기독인문학 연구원

코로나19는 많은 부분에서 인간의 삶을 되돌아보게 한다. 신앙의 영역에서도 예외는 아니다. 우리는 신앙을 질문하면서 종교인의 성숙한 자세로 세상에 빛과 소금의 역할을 감당해야 한다. 한국교회의 성도들과 목회자들을 사랑하는 마음으로 저자가 저술한 이 책은 우리의 신앙을 치유하고 행복하게 할 것이다.

방인성 교회개혁실천연대 고문

한국교회를 사랑하는 이들은 2020년 여름을 지나며 엄청난 고뇌를 안게 되었다. 교회의 병든 모습이 공공연히 드러나 더 이상 외면할 수 없게 되었기 때문이다. 이 책은 오늘의 한국교회가 겪고 있는 문제들에 대한 뼈아픈 자성을 담고 있다. 잘못된 근본주의와 성장 지상주의에서 비롯된 "종교 중독과 기독교 파시즘"에 대한 충격적인 진단이다. 하지만 사망 선고나 불치 판정이 아니다. 저자는 교회의 사회적 책임감 회복을 간절히 소망한다. 총체적 디아코니아의 실천이라는 치유의 방안도 제시한다. 지금은 우리가 모두 종교사회학적 연구를 통해서 한국교회의 복음적 회복을 위해 던지는 고언에 귀를 기울여야 할 때다.

신국원 총신대학교 신학과 명예교수, 웨스트민스터신학대학원대학교 초빙교수

종교 중독과 기독교 파시즘의 문제를 다루는 본 저서는 오늘날 한국교회에서 발생하고 있는 여러 가지 사건과 사태—교회 세습, 성폭력, 근본주의에 근거한 극우적 기독교의 정치세력화 등—를 원리적으로 분석할 수 있는 중요한 정치신학적 담론이다. 정치신학의 전문가인 저자는 생동감 있는 글쓰기로 이 담론을 능숙하고도 예리하게 그리고 시의적절하게 다루고 있다. 한국교회를 사랑하기에 시대와 역사에 부끄럼이 없는 교회로 거듭나주기를 열망하는 저자의 본 저서가 독자들에게 널리 읽힐 수 있기를 바란다. 이에 기꺼이 추천하여 일독을 권하는 바다.

이동영 서울성경신학대학원대학교 조직신학 교수

우파 바르트주의자들이 한국 개신교의 보수화에 일조하는 현실에서 좌파 바르트주의자의 시각을 갖고 정치신학을 연구한 학자를 한국 기독교 교회가 배출하게 된 것을 기쁘게 생각한다. 개신교 근본주의자들의 정치질, 정치 세력화를 종교 중독, 종교 병리학으로 진단한 저자는 그 치유와 해독을 위해 정치신학의 길을 제시했다. 그는 가짜뉴스로 진실(사실)을 부정하고 차별과 혐오를 부추겨 기독교 파시즘을 정당화하는 한국 교회의 병리적 현상을 서구 신학과 철학의 탄탄한 논리를 갖고서 분석하고 비판한다. 대안이자 치유책으로 제시한 디아코니아(섬김)의 정치학이 많이 궁금하다. 이것은 종교에 중독된 교회뿐 아니라 세상 정치의 한계를 극복하는 기독교적 정치 행위로서 교회가 존재해야 할 이유를 옳게 적시한다. 정치신학을 연구한 학자답게 저자의 삶 또한 거짓 권위에 안주한 채 타자를 부정하는 방식으로 존재하는 병든 한국교회와 맞서고 있으니 그 또한 멋지고 아름답다. 신학이 달라지지 않으면 교회가 변할 수 없다. 이 책이 교회 개혁에 일조할 것을 확신하며 그 영향사가 확장되기를 소망한다.

이정배 전 감신대학교 교수, 현장아카데미 원장

종교 중독과 기독교 파시즘

기독교 근본주의에 대한 정치신학적 비판

종교 중독과 기독교 파시즘

박 성 철 지음

새물결플러스

서문

한국교회가 "종교 중독"으로 인해 병들어가고 있다. 점점 악화되고 있는 한국교회의 몰락 현상은 더 이상 신학적 문제가 아니라 종교 병리학적 문제다. 종교 중독 증상은 사교 집단이나 기독교 사이비 집단에서뿐 아니라 기독교 내 중·대형교회들에서도 광범위하게 나타나고 있다. 명성교회의 세습 사태, 빛과진리교회의 성도 학대 의혹, 인천새소망교회의 그루밍 성범죄 등이 대표적인 경우다. 최근 코로나19 사태와 21대 총선을 거치면서 기독교 근본주의자들의 정치 세력화가 빠르게 진행되고 있다. 동시에 이들 가운데 팽배해 있던 종교 중독 문제가 수면 위로 부상하면서 그리스도인들이 사회에 끼치는 부정적인 영향력이 부각되고 있다. 민주주의 사회에서 시민으로서 정치적 문제를 해결하기 위해 공론장(公論場)에 참여하는 것은 전혀 이상한 일이 아니다. 하지만 종교 중독 증상을 보이는 그리스도인들이 권위주의적인 정치 운동을 통해 정치 세력화를 추진한다면 이는 필연적으로 사회 병리적 문제를 발생시킬 수밖에 없다.

일부 대형교회들은 코로나19 사태 초기에 정부의 일시적인 집회 금지 권고에 "종교 탄압"과 "기독교 박해"라는 프레임으로 맞서며 회중 예배와 종교 행사를 진행했다. 결국 일부 교회에서 집단 감염이 발생하면서 한국교회 전체가 엄청난 사회적 지탄을 받았다. 그럼에도 극우적인 그리스도인들은 속칭 "태극기 집회"에 강박적으로 참여했다. 그들 중 상당수는 태극기 집회 참여라는 정치적 행위에 종교적 의미를 부여하며 집회 주동자들의 정치적 선동을 맹신했다. 더구나 일부 대형교회 목사들은 21대 총선을 앞두고 극우적인 기독교 정당과 정치 세력을 지원하기 위해 가짜 뉴스를 노골적으로 유포했다. 이러한 현실은 한국교회가 종교 중독과 "기독교 파시즘"의 어두운 그림자로부터 자유롭지 못하다는 것을 보여준다.

이 책은 "권위주의적 종교"로 전락한 한국의 기독교 근본주의를 종교 중독과 기독교 파시즘이라는 개념을 중심으로 분석한다. 그 출발점은 바로 권위주의적 종교의 주요 특징인 "권위주의"와 "차별 기제"에 대한 연구다. 권위주의에 익숙한 기독교 근본주의자는 강력한 권위주의를 표출하는 종교 지도자(혹은 집단)에게 매력을 쉽게 느끼므로 종교 중독에 빠질 가능성이 높다. 또한 종교적 권위주의에 익숙한 사람들은 더욱 강력한 권위주의를 추구하는 경향을 보이기에 "정치적 종교"로서 "파시즘"에 거부감을 느끼지 않는다. 20세기 서구 사회에서 기독교 근본주의가 파시즘과 결합하여 쉽게 기독교 파시즘으로 변질되었던 이유가 바로 여기에 있다. 한국교회는 사교(cult)나 유사 종교와 같이 변질된 기독교 파시즘이 교회의 몰락뿐 아니라 시민 사회의 파멸을 가져왔음을 반드시 명심해야 한다. 물론 이 책의 목적은 한국교회의 현실에 대한 비판 그 자체에 있지 않다. 이 책의 마지막에서 "정치적 디아코니아"에 대한 담론을 소개한 이유는 결국 권위주의와 차별 기제에 물든 한국교회의 문제를 해결할 수 있는 기독교적 가치가 "(사회적) 섬김" 즉 "디아코니아"라고 생각했기 때문이다.

독일 본(Bonn) 대학교에서 정치신학 연구로 박사학위를 받은 후 10년간의 독일 유학을 마치고 2015년에 귀국했을 때 한국교회가 안고 있는 문제에 대한 비판적 연구를 담은 책을 출간하고 싶었다. 하지만 당시에는 10여년 사이에 급격하게 변해버린 한국교회를 정확하게 파악하는 데 자신이 없었다. 이 책은 지난 5년간 한국교회에 대한 비판적 성찰을 담은 연구들의 결과물이다. 그동안 KCI급 학술잡지에 발표한 논문들과 신문들에 실었던 칼럼들을 "종교 중독과 기독교 파시즘"이라는 주제에 맞게 새롭게 재구성했다. 이를 위해 주제에 적합하도록 많은 부분을 과감하게 수정했지만 인간의 사유에 한계가 있는지라 일부는 기존에 내가 발표했던 글들의 흔적이 보인다.

이 책이 담고 있는 한국교회를 향한 신랄한 비판은 결코 교회에 대한 증오나 혐오의 결과물이 아니다. 오히려 한국교회를 아끼고 사랑하기 때문에 변질되고 왜곡된 기독교 가치와의 과감한 단절을 한국교회에 요구하는 것이다. 물론 이 작은 노력이 현재 진행되고 있는 한국교회 내 "구체제"(ancien régime)의 몰락을 막을 수 있을 것이라고 생각하지는 않는다. 하지만 아직 등장하지 않는 "새로운 체제"(nouveau régime)의 도래를 준비하기 위한 첫걸음이 되길 소망한다. 어쩌면 우리 세대에 그 열매를 얻지 못할 수도 있다. 하지만 그 방향이 틀리지 않다면 이 모든 노력이 "하나님의 때"에 "하나님의 방식"으로 하나님 나라를 위해 아름답게 사용될 것이라 믿는다.

2020년 12월 남한산성 아래에서

박성철

목
차

제1부

권위주의와 차별

그리스도인이라면 교단과 교파를 떠나 한국교회—특히 한국 개신교회—가 심각한 위기에 직면해 있음을 부정하지 않을 것이다. 하지만 한국교회는 여전히 이 위기 자체에 관심이 없거나 그 본질에 대한 올바른 분석들을 내놓지 못하고 있다. 한국교회의 위기는 교회가 양적으로 성장하지 않는 데 있지 않고 "교회 성장" 자체가 교회의 존재 이유가 되어버렸다는 데 있다. 따라서 한국교회가 양적 성장이 정체된 현 상태를 벗어나기 위한 방법론에 집착한다면 결코 이 위기에서 벗어날 수 없을 것이다. 한국교회가 보이고 있는 다음과 같은 종교 병리적 현상들은 현재의 위기가 가치관의 왜곡으로 인한 내적 부패에서 기인한 것임을 잘 보여준다.

첫째, 한국교회는 강력한 권위주의 체제에 의해 유지되고 있다.
둘째, 한국교회는 권위주의적 정치 운동에 동조하고 있다.
셋째, 기독교 근본주의를 기반으로 급성장한 교회들이 이익 집단으로 변질되고 있다.

기독교 근본주의에 의해 각인된 한국의 대형교회들이 보이고 있는 교회 세습과 사유화, 목회자의 성범죄 등은 개별적 사건 자체만으로도 교회의 존재 이유를 위협하는 심각한 죄악이다. 이러한 문제들에 대한 분야별 전문적인 연구와 해결 방안들은 그동안 이미 많이 제시되었다. 하지만 이러한 현상들을 관통하는 기독교 근본주의의 인식론적 왜곡에 대한 연구는 그리 활발한 편이 아니었다. 기독교 근본주의를 대표하는 주요한 두 가지 특징인 권위주의와 차별(혹은 차별 기제)의 문제는 권위주의적 종교로 변해가고 있는 한국교회의 문제를 이해하는 데 큰 도움을 준다.

제1장
권위주의의 문제

1. 권위주의와 권위주의 정치 체제

권위주의에 대한 적절한 비판을 위해서는 먼저 "권위"(authority)와 "권위주의"(authoritarianism)에 대한 분석이 필요하다. 에리히 프롬(Erich Fromm, 1900-1980)은 『자유로부터의 도피』에서 권위를 "어떤 사람이 다른 사람을 보다 우월한 자로 보는 인간관계"와 관련이 있는 것으로 보았다. 사람들은 자신보다 뛰어난 사람의 말에 귀를 기울이고 따르는 성향을 갖고 있는데, 권위는 인간관계 속의 "우열 관계"(superiority-inferiority relation)에서 발생한다. 그것은 우열 관계의 성격에 따라 "이성적 권위"(rational authority)와 "금지하는 권위"(inhibiting authority)로 나눌 수 있다. 전자는 교사와 학생의 관계처럼 우월성(superiority)에 기초하지만 고정되어 있지 않은 것이고 "착취"(exploit) 관계와 무관한 데 비해 후자는 그 반대다.[1] 이처럼 권위는 긍정적인 측면과 부정적인 측면을 동시에 갖고 있다.

한스 게오르크 가다머(Hans-Georg Gadamer, 1900-2002)는 권위의 본질 그 자체와 권위의 왜곡 현상을 구분한다. 가다머에 따르면, 권위가 왜곡될 수 있지만 권위 그 자체는 부정적인 것으로 평가되기 어렵다. 어떤 사람이 권위를 얻는 궁극적인 이유는 이성의 포기와 복종의 행위에서 기인하지 않고 인정의 행위에서 기인한다. 다른 사람의 판단과 통찰이 나보다 월등하게 앞서간다는, 즉 "**자신의** 판단(dem eigenen Urteil)보다 상위에 있다는 인식"이 생길 때 상대방이 권위를 획득한다. 이처럼 권위는 "그냥 부여되는 것이 아니라 획득되는 것이고 획득되어야 하는 것"이다. 그것은 "자신의 한계를 인정하고 다른 사람의 더 나은 통찰을 신뢰하는 이성의 행위"에 근거한다. 이렇게 올바르게 이해된 권위의 의미는 맹목적인 명령에 대한 복종(Kommandogehorsam)과는 전혀 무관하다. 가다머도 프롬처럼 권위가 개인적 우월성에 대한 타인의 인정에서 발생한다고 주장했다. 하지만 가다머에 따르면, 한 개인이 권위에 대한 지나친 믿음으로 인해 스스로 이성을 사용하여 판단하는 것을 포기할 경우 권위는 근대적 독재 체제에서 자주 문제가 되는 이성과 자유의 정반대 개념인 맹목적 복종을 위한 도구로 전락한다. 프롬과 가다머의 담론은 권위주의가 타인에 대한 억압과 권위에 대한 맹목적인 복종과 연관되어 있음을

Erich Fromm, *Escape from Freedom* (New York: Avon Books, 1969), 186-187. 『자유로부터의 도피』(휴머니스트 역간).

잘 보여준다.[2]

권위주의의 사전적 의미는 "사상과 행동의 개인적 자유에 반대되는 권위에 대한 전적인 굴복의 원칙"이다.[3] 프롬은 권위주의를 "인간이 그 자신의 개인적 자아의 독립을 포기하고 또 그 개인적 자아에 결여되어 있는 힘을 획득하기 위해 자기 이외의 어떤 사람이나 사물에 그 자신을 융화시키려는 경향"이라고 규정했다.[4] 권위주의적인 사람은 권위에 맹목적으로 의지하여 모든 일을 해결하려고 한다. 또한 그는 상위 권위에 맹목적으로 복종하고 하위 권위에 대해서는 억압하고 차별한다.

권위는 권력으로 쉽게 전환되기 때문에 권위주의는 정치권력과 관련된 문제를 발생시킨다. 정치철학에서 권력은 크게 "거시 권력"(macro-power)과 "미시 권력"(micro-power)으로 구분된다. 거시 권력이란 국가 통치와 관계된 강제적인 힘의 관계를 의미한다. 거시 권력에 대한 담론은 전통적으로 정치권력이나 정부의 권력 등과 관련이 있다. 막스 베버(Max Weber, 1864-1920)의 권위와 지배에 대한 담론이 그 대표적인 예다. 베버는 "권위"(Autorität)를 국가 통치를 정당화하는 기초로 보고 권위의 유형에 따라 통치 방식을 "전통적" 지배(traditionale Herrschaft), "카리스마적" 지배(charismatische Herrschaft), "합법성에 따른 지배"(Herrschaft kraft

---

2 Hans-Georg Gadamer, *Wahrheit und Methode: Gründzug einer philosophischen Hermeneutik, Gesammelte Werke*, vol. 1 (Tübingen: J.C.B. Mohr, 1999), 283-284. 『진리와 방법 1』(문학동네 역간).

3 "Authoritarianism," *Britannica Concise Encyclopedia* (New York: Encyclopedia Britannica Inc, 2006): 136.

4 Fromm, *Escape from Freedom*, 163.

Legalität)로 구분했다.[5]

거시 권력은 현실에서 정치 체제로서 권위주의의 문제와 연관되어 있다. 정치 체제로서 권위주의는 "피통치자들에게 헌법과 관련하여 무책임한 지도자나 소수 엘리트의 손에 권력을 집중시키는 비민주적인 정치 체제"를 의미하는데,[6] 이는 일반적으로 카리스마적 지배의 문제와 연관되어 있다. "신정정치"(theocracy)와 같이 전근대적 인식론에 기반한 정치 체제부터 "파시즘"이나 "전체주의"(totalitarianism)와 같이 현대적인 독재에 이르기까지 정치 체제로서 권위주의의 범위는 대단히 넓다. 프롬은 『자유로부터의 도피』에서 파시즘과 권위주의를 동일한 것으로 보았다.[7]

물론 정치철학자들은 자신들의 관점에 따라서 권위주의적 정권과 전체주의적 정권 사이의 차이를 강조하기도 한다. 학자들에 따라서는 전체주의적 정권에 비해 권위주의적 정권은 "제한적이고 무책임하지만 정치적 다원주의를 포함하고 있고 정교하면서도 지도적인 이데올로기는 없지만 (독특한 사고방식을 가지고 있으며), (발전 가운데 어느 순간을 제외하고는) 집중적이거나 광범위한 정치적 동원력이 부족한 정치 체제"라고 강조한다. 이들에 따르면, 권위주의적 정권은 "그 속에서 지도자(혹은 가끔 특정 소집단)가 공식적으로 잘못 정의된 한계 내에서 권력을 행사하지만 사실

---

5 Max Weber, "Politik als Beruf," in *Gesammelte politische Schriften*, 5th ed. (Tübingen: J. C. B. Mohr, 1988): 505-560 중 507을 참조하라.

6 "Authoritarianism," *Britannica Concise Encyclopedia*: 136.

7 Fromm, *Escape from Freedom*, 19.

예측 가능한 한계 내에서 행사"하는 특징을 보인다.[8]

정치철학적 측면에서 양자 사이의 개념적 차이를 명확히 구분하는 것이 필요하다. 하지만 현실에서 자주 등장하는 "독재"(dictatorship) 체제의 경우, 양자가 명확하게 구분되지 않는 경우가 대부분이다. 정치철학적 측면에서 양자를 엄격하게 구분한다 할지라도 역사 속에서 권위주의적 정권은 쉽게 전체주의적 정권으로 변질되었다. 사실 권위주의적 지도자들은 종종 실정법을 고려하지 않고 독단적으로 권력을 행사할 뿐 아니라 선거에서 다양한 경쟁자 중 시민들의 선택에 의해 자유롭게 선출된 지도자에 의해 교체되지도 않는다. 권위주의적 정권 내에서 기득권 집단과 경쟁할 수 있는 힘을 가진 야당들이나 다른 대안적인 집단들을 형성할 수 있는 자유가 지속적으로 제한되면 결국 전체주의적 정권이 들어설 수밖에 없다.

이는 마치 임마누엘 칸트(Immanuel Kant, 1724-1804)가 민주정체와 구별되는 공화정체(Republikanismus)의 특징으로 "대표성"(Repräsentation)을 강조하면서 "대표성 시스템이 없는 민주주의"(Demokratien ohne Repräsentationssystem)를 비판하면서도 양자 사이의 내적 연관성을 부정하지 않은 경우와 유사하다.[9] 그렇기에 20세기 권위주의에 대한 연구는 주

---

8 Juan J. Linz, "An Authoritrian Regime: Spain," in *Cleavages, Ideologies and Party Systems: Contributions to Comparative Polititcal Sociology*, ed. Erik Allardt & Yrjö Littunen (Helsinki: Transactions of the Westermarck Society, 1964), 291-341 중 255을 참조하라.

9 Immanuel Kant, "Zum ewigen Frieden. Ein philosophischer Entwurf," in *Immanuel Kant-Werkausgabe in 12 Bände*, vol. 11 (Frankfurt a. M.: Suhrkamp, 1977), 208, 241.

로 파시즘이나 전체주의에 대한 연구와 밀접한 상관관계 속에서 진행되었다.[10]

미시 권력이란 인간관계 속에서 일상적으로 발생하는 힘의 관계를 의미한다. 미시 권력에 대한 담론은 일상생활에서 정치적인 것들이 공동체 내 개인들에게 미치는 영향과 관련된 내용을 다룬다. 20세기 후반부터 본격적으로 주목받기 시작한 미셸 푸코(Michel Foucault, 1926-1984)의 "권력의 미시 물리학"(microphysique du pouvoir)에 대한 담론이 그 대표적인 예다.[11] 미시 권력에 대한 담론은 정당 정치나 국가의 통치권자와 직접적으로 관련되지 않는 집단이나 개인들 사이에서 발생하는 권위주의의 문제를 이해하는 데 도움이 된다. 물론 거시 권력과 미시 권력은 서로 분리되어 있기보다는 상호 연관되어 있다. 따라서 권위주의의 문제가 정치적 영역과 종교적 영역에서 동시에 발생하는 현상이나 기독교 근본주의와 파시즘이 쉽게 결탁하는 현상을 분석함에 있어 권력에 대한 총체적 이해가 필요하다.

---

10 Juan J. Linz, *Totalitarian and Authoritarian Regimes* (Boulder: Lynne Rienner Publischers, 2000), 159-160.

11 Michel Foucault, *Surveiller et punir: Naissance de la prison* (Paris: Gallimard, 1975), 31. 『감시와 처벌』(나남 역간).

2. 권위주의적 인격

파시즘은 단일한 이념 체계라기보다는 서로 다른 이념들을 느슨하게 묶어 놓은 사상 체계다. 따라서 종종 그 체계 내에서 모순(혹은 대립)이 발생한다. 막스 호르크하이머(Max Horkheimer, 1895-1973)와 테오도르 아도르노(Theodor W. Adorno, 1903-1969)는 파시즘에 내적 모순이 있음에도 불구하고 정치적 영역에서 그 권위에 복종하는 대중의 심리적 경향을 연구했고 강력한 권위주의에 맹목적으로 복종하는 사회적 성격을 "권위주의적 인격"(authoritarian personality)이라고 규정했다.[12] 프롬 역시 상위 권위에 대한 절대적 복종과 복종하지 않는 하위 권위에 대해 혐오와 함께 공격성을 표출하는 사회적 성격을 "권위주의적 성격"(authoritarian character)이라고 규정했고 "사도-마조히즘"(sado-masochism)과 "사도-마조히즘적 애착"(sado-masochistic attachment)의 관점에서 분석했다.[13] 권위주의적 성격은 상위 권위에 맹목적으로 복종함으로써 피학적(masochistic) 쾌감을 느끼고 하위 권위에 가혹한 잔인성을 발휘함으로써 가학적(sadistic) 쾌감을 느끼는 왜곡된 심리 상태에서 발생한다.

프롬에 따르면, 근대 사회의 등장으로 전통적 문화와 관습 그리고 종교적 권위로부터 탈피가 가속화되었다. 하지만 더 많은 자유를 누리게 된 시민 계급은 고독과 불안 그리고 책임감이라는 대가를 치러야 했다.

12　Theodor W. Adorno et al., *The Authoritarian Personality* (New York: Harper & Brothers, 1950), xi.

13　Fromm, *Escape from Freedom*, 135, 170.

이에 시민 계급은 세속화와 전통의 해체가 급속하게 진행될수록 자유의 무게로 인해 더 큰 불안을 느꼈고 결국 그 중압감을 감당하지 못했기에 자신의 자아를 버리고 권위주의적 대상을 전적으로 의존함으로써 그 중압감을 덜어내려고 했다. 이 왜곡된 심리가 파시즘이 등장했을 때 그것을 거부하기보다는 맹목적으로 추종하는 경향을 만들어냈다. 따라서 프롬은 권위주의적 성격을 파시즘의 인적 토대이자 인격 구조라고 주장했다. 권위주의적 성격은 권력을 갖고 있는 자와 이를 갖지 못한 자로 사람들을 구분하여 권력을 갖고 있는 자에게는 맹목적으로 복종하고 권력이 없는 자는 경멸하는 특징을 보인다.[14]

권위주의적 성격은 행동력과 용기와 신념을 갖추고 있는 것처럼 연출하지만 이는 자신의 삶에 대한 책임을 회피하려는 욕망을 포장하는 것이다. 권위주의적 성격의 행동력은 자기 자신보다 높은 지위에 있는 사람을 위하여 행동함으로써 발생하기에 근본적인 무력감을 극복할 수 없다. 권위주의적 성격은 "신이라든지 과거라든지 자연이나 혹은 의무"라는 동력으로 움직이며 "보다 우월한 권력에 의지하여" 그 행동력을 획득할 뿐이다.[15] 이처럼 권위주의적 성격은 일상의 문제를 적극적으로 해결하려는 자세를 보이지만 사실 상위의 권위에 의해 주입된 환상에 의해 유도될 뿐이다. 권위주의적 성격은 전통의 권위에 무비판적으로 복종하므로 삶의 문제에 극단적인 수동성을 보이며 권위를 위협하는 반대자

---

14   Fromm, *Escape from Freedom*, 186, 190-191.

15   Fromm, *Escape from Freedom*, 194-195.

에게 폭력적인 공격성을 표출한다. 이는 "파시스트"(fascist)의 전형적인 특징이기도 하다.

근대 사회는 인류에게 계몽(Aufklärung)의 열매를 안겨주었지만 계몽의 시대는 전통적으로 절대적 신뢰를 보내었던 대상을 제거함으로써 불확실성의 시대를 열었다. 21세기에도 여전히 사람들이 사교 집단과 전근대적 종교 전통에 집착하는 현상은 바로 불확실성의 시대가 주는 불안을 권위주의를 통해 회피하려는 왜곡된 자기 방어 기제에 기인한다. 역사 속에서 이 왜곡된 자기 방어 기제는 정치의 영역에서 타인을 지배하고 마음대로 조정하고 싶은 충동과, 자아를 버리고 타인에게 의존하려는 충동을 정당함으로써 파시스트 운동으로 표출되었다. 오늘날에도 권위주의가 사회 전반에 팽배해지면 파시스트 운동은 언제라도 수면 위로 부상할 수 있다.

3. 권위주의적 종교

권위주의는 종교 영역에서 권위주의적 종교(authoritarian religion)의 문제로 나타난다. 왜냐하면 전근대적 전통이나 권위 등에 집착하는 권위주의적 성격은 권위주의적 종교에 쉽게 매력을 느끼고 집착하기 때문이다. 프롬은 『옥스퍼드 사전』(Oxford Dictionary)을 인용하여 "종교란 인간이 자기 운명을 통제하고, 복종과 외경과 숭배를 받을 가치가 있다고 생각하는 어떤 고귀한 보이지 않는 힘을 인지하는 것"이라고 규정한 후, 권위주의적 종교의 기반을 "인간 외부의 더 고귀한 힘에 의해서 인간이 통제되고 있음을 인지하는 것"에 대한 강조라고 주장했다. 권위주의적 종교는 인간에 대해 "통제력을 가진다는 사실", 즉 인간에 대해 힘을 행사하는 현상에 집착한다. 따라서 그것은 경배의 권리와 숭배를 명목으로 인간에게 복종을 강요하고 억압한다.[16] 도로테 쵤레(Dorothee Sölle, 1929-2003)에 따르면, 현대 사회에서 기독교 역시 맹목적인 복종을 강요하는 인식론을 포기하지 않을 경우 권위주의적 종교로 변질될 위험을 안고 있다.[17] 그리스도인은 사회 전반에 권위주의가 팽배해지지 않도록 노력할 책임이 있다. 왜냐하면 종교적 권위가 사회적 권위와 밀접한 상관관계를 맺고 있기 때문이다.

비교적 초기 종교사회학자로 분류되는 루트비히 폰 포이어바흐(Ludwig Andreas von Feuerbach, 1804-1872), 지그문트 프로이트(Sigmund Freud, 1856-1939), 에밀 뒤르켐(Émile Durkheim, 1858-1917)의 연구들은 내세적 가치라는 초월적 권위에 의존하는 종교가 사실 사회적 권위에 의존하고 있음을 잘 보여준다.

뒤르켐은 『종교생활의 원초적 형태』(Les formes élementaires de la vie religieuse, 1912)에서 근대 종교를 종교적 본질과 비종교적 요소(문화, 정치 등)로 구분한 후 종교의 사회적 기원을 연구했다. "종교는 분명히 사회적

---

16   Erich Fromm, *Psychoanalysis and Religion* (New Haven & London: Yale University Press, 1950), 34-35.

17   Dorothee Sölle, *Creative Disobedience* (Eugenet: The Pilgrim Press, 1995), xv.

산물"이며 사회뿐 아니라 종교도 "사회의 권위"를 통해 유지된다.[18] 뒤르켐 이전에는 종교가 "초자연적인 것"(de surnaturel)과 관련된 것이라는 주장이 일반적이었다.[19] 하지만 뒤르켐에 따르면, 종교적 권위는 성스러운 것과 관련이 있는 것으로 여겨지는 사회적 권위에 의해 형성되고 유지된다. 종교적 믿음의 공통된 특성은 "**속된 것과 거룩한 것**"(de profane et de sacre)의 구분이며, 종교적 사고의 기반이 되는 "믿음, 신화, 교리 등은 성스러운 사물들의 본질과 성스러운 것에 부여된 가치나 능력 그리고 성스러운 것들끼리의 관계 또는 성스러운 것과 속된 것 사이의 관계 등을 나타내는 표상이거나 표상 체계"다. 다시 말해 "종교적 믿음 체계란 성스러운 것의 본질을 표현하고 성스러운 것이 서로 맺는 관계 또는 속된 것과 맺는 관계를 표현하는 표상이다."[20]

프로이트는 『토템과 타부』(Totem und Tabu)에서 토템과 타부를 아버지의 권위로 인한 강박적 신경증과 연결하여 종교의 심리적 근거를 설명했다. 프로이트에 따르면, 원시 공동체(씨족 공동체)는 그 공동체와 아주 특별한 관계를 맺고 있는 토템을 중심으로 형성되었고 토템을 소유한 원시 공동체 내 구성원들 사이에는 근친상간이 금지되어 있어서 족외혼(族外婚, Exogamie)이 성립한다.[21] 타부는 이 토템과 연결되어 있는 원

---

18   Émile Durkheim, *Les formes élementaires de la vie religieuse. Le systeme totemique en Australie-Quadrige* (Paris: Quadrige, 1990), 12-13, 24. 『종교생활의 원초적 형태』(한길사 역간).

19   Durkheim, *Les formes élementaires de la vie religieuse*, 33.

20   Durkheim, *Les formes élementaires de la vie religieuse*, 50-51, 56.

21   Sigmund Freud, *Totem und Tabu* (Frankfurt a. M.: Fischer Taschenbuch Verlag, 1991),

시 공동체 내의 질서를 유지하기 위해 형성된 것이다. 프로이트는 토템법에 기반한 타부를 아버지로부터 벗어나고 싶은 욕망과 동시에 아버지로부터 벗어나지 못하는 불안이 유발한 강박적인 신경증으로 보았다. 타부와 강박적 신경증은 공동체의 질서를 지키기 위해 외부의 권위에 의해 금지된 것에서 유발된다. 이처럼 프로이트의 입장에서 종교의 심리적 기반은 외부의 권위에 의해 형성된 강박적 신경증이다.

　뒤르켐과 프로이트의 연구는 종교적 권위와 사회적 권위 사이의 밀접한 상관관계를 잘 보여준다. 따라서 사회적 권위의 왜곡은 종교적 영역에서 권위주의의 문제를 발생시킬 수 있다. 그러므로 프롬은 종교를 "한 집단에 의해 공유되고 소속된 개인에게 지향의 틀과 헌신의 대상을 부여하는 사고와 공동체"라고 규정하고 권위주의적 종교를 강박적인 신경증과 같은 병리적 문제와 연관하여 설명했다.[22] 종교가 본질적으로 권위주의로 나아갈 수밖에 없는지에 대해서는 분명 논쟁의 여지가 있다. 또한 종교에 대해 비판할 때, 종교의 본질과 "특정한 사회적 행위의 조건과 결과"로서 종교적 현상을 구분할 필요가 있다.[23] 하지만 종교의 주요한 왜곡 현상이 권위주의라는 것은 부정할 수 없다.

　더구나 종교의 본질적 가르침과 관계없이 권위주의적 종교는 유사한 왜곡 현상을 나타낸다. 제2부에서 자세히 살펴보겠지만 특정 종교

48-50. 『토템과 타부』(문예마당 역간).

22　Fromm, *Psychoanalysis and Religion*, 21.

23　Max Weber, *The Sociology of Religion*, trans. by Ephraim Fischoff (London: Methuen & Co, 1965), 1. 『막스 베버 종교사회학 선집』(나남 역간).

내에서 종교 중독과 같은 종교 병리적 현상을 보이는 근본주의 세력이 급속하게 성장할 때 그 종교는 권위주의적 종교로 변질되는 경향을 보인다. 권위주의적 종교는 공적 영역에서 문제를 발생시킨다. 찰스 킴볼 (Charles A. Kimball)은 『종교가 사악해질 때』에서 "인간이 종교를 타락시켰음을 보여주는 다섯 가지 중요한 징후들"을 언급했다.[24] 용어나 문장 표현의 차이에도 불구하고 그가 제시한 종교의 타락 징후들은 대부분 권위주의적 종교의 특징과 일치한다. 권위주의적 종교를 지탱하는 중요한 특징인 권위에 대한 맹목적 복종과 인간에 대한 억압은 정치적 권력이나 "사회적 헤게모니"(social hegemony)를 장악하려는 욕구로 표출되므로 권위주의적 종교의 폐해는 단순히 종교적 영역에만 제한되지 않는다.

파시즘이 언제나 기독교 파시즘으로 변질되었던 서구의 경험을 통해 우리가 배워야 하는 것은 권위주의적 종교가 일종의 "유사 종교"(pseudo religion)로서 파시즘과 쉽게 결탁하는 경향을 갖고 있다는 사실이다. 그리스도인들이 현실의 문제를 해결하기 위해 적극적으로 나서지 않고 현실 도피 욕구에 굴복하여 권위주의적 집단이나 지도자에 의존하려 할 때, 기독교는 언제라도 권위주의적 종교로 전락하고 권위주의적 종교로서 기독교는 정치적 영역에서 파시즘에 대한 추종을 정당화하는 경향을 나타낸다.

---

24   Charles A. Kimball, *When Religion Becomes Evil: Five Warning Signs*, revised and updated ed. (New York: HarperCollins Publishers, 2008), 6. 『종교가 사악해질 때』(에 코리브르 역간).

권위주의적 사회와 차별 기제

권위주의는 차별 의식을 강화한다. 상위 권위에 대해 맹목적 복종을 바치는 이들은 필연적으로 하위 권위에 대해 동일한 복종을 강요한다. 이때 권위주의적 성격은 복종하지 않는 이들을 차별하고 억압한다. 특정한 사회적 대상에 대한 차별을 가능케 하는 기제는 권위주의적 성격의 전형적인 특징이다. 아도르노에 따르면, 권위주의적 인격에 대한 담론은 결국 "사회적 차별"(social discrimination)에 대한 담론이다.[1]

현대의 사회학자들은 차별을 개별적인 개인의 행위보다는 성공이나 실패와 같은 사회적 결과와 관련된 집단들 사이의 불평등을 양산하는 사회적 관계의 복합적인 체제로 이해한다. 따라서 사회적 영역에서 발생하는 차별의 문제는 고도의 복합적인 사회적 과정들, 즉 "차별 기

---

1   Adorno et al., *The Authoritarian Personality*, ix.

제"(mechanism of discrimination)와 연관되어 있다.[2] 특정한 사회에서 권위주의가 팽배할수록 차별 기제는 더욱 맹렬하게 작동한다. 이는 종교적 영역에도 동일하게 적용된다. 한국교회 내에서 일어나고 있는 여성 차별, 성소수자 차별, 경제력에 의한 차별 등과 같은 다양한 차별 현상들은 교회의 보수적인 전통 때문에 발생한 것이 아니라 권위주의가 팽배한 사회적 환경에 의해 교회가 병들었기 때문에 발생한 것이다. 위르겐 몰트만(Jürgen Moltmann, 1926-)의 분석에 따르면, 사회적 영역에서 발생하는 다양한 형태의 차별은 유사한 인식론적 왜곡의 결과다.[3]

1. 인종차별주의

권위주의적 사회는 다양한 사회적 차별을 정당화하는 내적 기제를 갖고 있다. 인종차별주의(racism)가 그 대표적인 예다. 몰트만에 따르면, 인종차별주의는 "자신의 인종 그룹에 대한 인종 중심적 자부심, 이러한 그룹 특유의 근본적인 생물학적 유형의 특징들을 우대하는 것, 다른 인종적 그룹들을 차별하고 공동체의 삶에로의 완전한 참여로부터 배제하려는 압박과 연결된 다른 그룹들에 대한 부정적인 감정들을 의미한다."[4] 인종

---

2   Thomas F. Pettigrew & Marylee C. Taylor, "Discrimination," *Encyclopedia of Sociology*, vol. 1, 2nd ed. (New York: Macmillan Reference USA, 2000): 688-695 중 688.

3   Jürgen Moltmann, "Die Befreiung der Unterdrücker," *EvTh* 38 (1978): 527-538 중 533.

4   Moltmann, "Die Befreiung der Unterdrücker," 528.

차별주의자들은 차별을 정당화하는 다양한 객관적 근거와 수치를 제시하지만 사실 "인종적 차이에 관한 온갖 주장은 신화일 뿐 실제 인간의 능력이나 행동과는 아무런 관련이 없다."[5]

인종차별주의자들은 왜곡된 인간관으로 인해 자신이 속해 있는 인종의 특징들을 인간 자체의 특징으로 여긴다. 예를 들어, 백인 인종차별주의자들은 "나는(혹은 우리는) 백인이다"라는 자신(혹은 일부 집단)의 인종적 특징을, 곧 인간을 규정짓는 보편적인 가치로 치환한다. 절대화된 인종적 특징은 다른 인종의 사람들을 "하류" 인간들로 평가하며 낮은 가치와 미미한 능력을 가진 인간으로 천시하도록 부추긴다. 이러한 차별 기제는 다른 피부색을 가진 이들을 인간이 아니라 동물적 존재로 전락시키고 다른 인종의 문화를 열등한 것으로 매도한다. 이를 통해 우월한 존재가 열등한 존재를 학대하는 것은 정당화되며 열등한 존재는 우월한 존재에게 무조건적으로 복종해야 한다는 권위주의 논리가 정립된다.

한국교회 내 반(反)이슬람 운동처럼 인종차별과 결탁한 종교적 권위주의는 다른 인종에 대한 공격성을 강화한다. 반이슬람 운동을 주도하는 이들은 기독교와 이슬람이라는 종교적 차이를 내세우며 표면적으로는 복음을 지키기 위해 이슬람을 배척해야 한다고 주장한다. 하지만 "무슬림"(Muslim)에 대한 혐오와 차별은 외국인 부모를 두거나 한국인 부모를 두지 않은 이들을 동일한 한국인으로 인정하지 않고 "낯선 타자"로

---

5   켄 올렌데, "인종차별과 이민자 규제", 제프리 디스티 크로익스 외, 『계급, 소외, 차별』 (서울: 책갈피, 2017), 221-290 중 223.

바라보는 인종차별주의의 또 하나의 변형일 뿐이다. 한국교회 내 반이슬람 운동을 나치 독일 시대의 반유대인주의와의 연속성 속에서 비판적으로 접근해야 하는 이유가 바로 여기에 있다.

2. 성차별주의

권위주의적 사회는 성차별주의(sexism)를 정당화한다. 근대적 가부장제 사회(modern patriarchal society) 속에서 성차별주의는 곧 여성차별주의를 의미한다. 따라서 몰트만은 성차별주의를 "남성이 자신의 남성성 속에서 특권이라고 여기는 것들로 인해 여성에 대한 남성의 지배"를 정당화하려는 생각이라고 정의했다. 근대적 가부장제 사회에서 성차별의 기제는 인종차별의 기제와 유사하다. 남성이라는 이유로 여성을 차별하는 이들은 자신의 성별에 대한 자부심을 중시하며, 이러한 자부심은 남성으로서 소유하는 성별 특유의 성질을 우대하는 문화에 의해 형성된 것이다. 여성차별주의자는 남성적 성별의 특징들을 완전한 인간의 기준으로 여긴다. 그는 여성을 낮은 등급의 인간으로 평가하고 미미한 능력을 가진 존재로 간주한다. 소위 여성적 특성들은 공격적인 남성의 문화 속에서 저평가되며, 성별 그 자체로 인해 여성에 대한 남성의 우월은 정당화된다. 더구나 여성차별주의자는 "여성이 아니다"라는 것을 통해 자신의 정체성을 정립한다. 그러므로 그는 "여성화"되지 않도록 노력하며 남성을 여성화시키는 것으로 여기는 사회적 현상과 관계들에 대해 공격적으로 반응한다. 여성차별주의자는 남성적 우월성을 지속적으로 느끼기 위해 여성에게 열등성 콤플렉스들을 주입하고 결국 남성 됨을 운명으로 추켜세운다.[6]

오늘날 인류학적 측면에서 여성차별의 기제는 "양성 간에 위계나 차별이 없는 평등주의적 수렵 채집 사회"가 농업 사회로 전환하는 가운데 나타났다.[7] 근대 이전의 사회에서 가부장제와 같은 사회적 차별 기제가 작동할 수 있었던 것은 사회적 환경의 영향이 컸다. 따라서 근대 사회의 등장 이후 여성차별은 이전과 동일한 방식으로 정당화될 수 없다. 권위주의적 사회에서만 여성차별이 사라지지 않는 것은 그 사회가 전근대적 세계관에 의해 유지되기 때문이다. 제3부에서 자세히 살펴보겠지만 기독교 근본주의가 여성차별을 종교적으로 정당화하는 경향을 보이는 것도 바로 전근대적 전통에 대한 집착이 종교적 근본주의의 주요 특징이기 때문이다. 기독교 근본주의적 경향이 강한 교회일수록 성평등 의식이 희박하고 성인지 감수성이 심각하게 저하되어 있으며 여성 성도에 대한 남성 목회자들의 성범죄를 묵인하는 경향을 보인다. 하지만 이는 한국교회가 사회적 신뢰를 상실하게 만드는 주요 원인으로 작용하고 있다. 이처럼 여성차별주의는 한국교회의 정체성을 심각하게 훼손하고 있다.

---

6   Moltmann, "Die Befreiung der Unterdrücker," 529-530.
7   실라 맥그리거, "여성 차별", 『계급, 소외, 차별』, 124-169 중 134.

3. 경제적 계급차별주의

자본주의 사회에서 권위주의는 경제적 계급차별주의(classism)를 정당화한다. 인종차별주의와 성차별주의에서 인종과 남성성이 특권으로 작용한 것처럼 계급차별주의에서는 경제적 부요함이 곧 특권으로 작용한다. 계급차별주의는 경제적 특권층의 하층 계급에 대한 편견을 강화함으로써 차별을 정당화하고 이를 통해 복종을 강요하는 경향을 띤다. 계급차별주의의 권위주의적 경향은 이미 제국주의를 통해 그 부정적 영향력을 적나라하게 드러냈다. 가깝게는 2008년까지 맹렬하게 기세를 떨쳤던 신자유주의를 통해서도 계급차별주의의 권위주의적 문제를 쉽게 알 수 있다. 자본주의 사회에서 소외된 노동과 축적된 자본에 기반한 계급차별주의는 인종차별주의와 성차별주의 같이 권위주의적 경향을 공유하기에 쉽게 결합한다. 이러한 잘못된 결합은 차별의 문제를 확대하고 재생산할 뿐 아니라 더욱 복잡하게 만든다. 왜냐하면 노동과 자본은 인종이나 성별에 관계없이 인간을 억압하며 그 억압의 도구를 재생산해내는 데 근본적으로 제한이 없는 제국주의적인 특성을 지니고 있기 때문이다. 결국 계급차별주의를 방관하면 "자본의 축적과 이윤을 창출하는 투자를 통해 계속해서 권력은 축적되고 인종차별주의나 성차별주의만으로는 발생할 수 없는 것들이 발생한다."[8]

예를 들어, 현대 사회의 인종차별주의는 근대 자본주의의 등장과

---

8   Moltmann, "Die Befreiung der Unterdrücker," 531.

함께 시작된 노예 무역의 결과물이기도 하다.[9] 아프리카 원주민들을 강제로 노예로 만들었던 왜곡된 서구 백인 문화가 현재 미국 사회에 팽배해 있는 흑인 차별의 기반이 되었다는 것은 자명한 사실이다. 오늘날에도 자본주의 사회에서 남성의 노동과 여성의 노동이 그 성과와 관계없이 차등적으로 가치가 매겨지는 현상은 여성차별주의에 대한 이해 없이 단순히 계급차별주의만으로는 설명될 수 없다. 이처럼 자본주의 사회에서 경제적 차별은 인종차별주의나 성차별주의로 인해 사회적 헤게모니에서 밀려난 사람들이 겪는다.[10] 따라서 경제적 차별을 정당화하는 자본주의 사회에서 경제적 특권층이 등장하여 공공의 이익이 사라질 때, 가장 피해를 보는 이들은 대부분 소수 인종과 여성들 그리고 성적 소수자들이다. 이렇듯 계급차별주의와 권위주의 사이의 상관관계를 제대로 인식하지 않으면 계급차별주의에 기반한 자본주의 사회가 자신의 세계를 건설하기 위해 내뿜는 공격성을 이해할 수 없다.[11]

---

9 켄 올렌데, "인종차별과 이민자 규제", 223-225.
10 애비 바칸, "마르크스주의 차별론",『계급, 소외, 차별』, 85-121 중 93.
11 Moltmann, "Die Befreiung der Unterdrücker," 532.

제2부

종교 중독

장 칼뱅(Jean Calvin, 1509-1564)은 『기독교강요』(*Institutio Christianae Religionis*)에서 "신의식"(*sensus divinitatis*)을 "종교의 씨앗"(*semen religionis*)으로 이해했다.[1] 이처럼 기독교는 전통적으로 모든 인간이 선천적으로 하나님을 향한 욕구를 품고 있다고 가르친다.[2] 물론 "야웨"(יהוה)로 표현되는 기독교의 신 개념과 종교학적 의미의 초월자가 반드시 동일한 것은 아닐 것이다. 하지만 초월자를 경배하고자 하는 욕구, 즉 종교적 욕구는 모든 인간이 가진 기본적인 욕구 중 하나다.

그러나 다른 모든 인간의 욕구와 같이 종교적 욕구도 도착이나 퇴행과 같은 왜곡 현상을 보인다. 종교 중독은 한국교회에서 익숙한 용어가 아니다. 하지만 사회적 현상으로서 종교 현상은 인간 심리와 밀접한 상관관계를 맺고 있으며 종교 중독과 같은 병리적 문제로부터 자유롭

---

1 Ioannes Calvinus, *Institutio Christianae Religionis*, I.iii.1, I.iv.1; *Corpus Reformatorum*, vol. XXX, Calvini Opera, vol. II, 36, 38. 『기독교 강요』(CH북스 역간).

2 제랄드 메이, 『중독과 은혜: 중독에 대한 심리학적 영적 이해와 그 치유』(서울: IVP, 2005), 11.

지 않다. 칼 구스타브 융(Carl Guatav Jung, 1875-1961)은 『심리학과 종교』 (*Psychology and Religion*)에서 "최소한 종교는 사회학적·역사적 현상일 뿐만 아니라 많은 사람에게 있어서는 중대한 개인적 사실의 어떤 것과 관련이 있다는 사실도 자명한 일"이라고 주장하며 종교의 "심리적 측면"을 부각시켰다.[3] 종교 중독은 바로 이러한 종교의 심리적 측면이 심각하게 왜곡될 때 발생하는 것이다.

현실에서 우리는 기독교 사이비 집단이나 사교 집단(cult group)에 빠져 반사회적인 행위를 하는 사람들에 대한 소식을 심심치 않게 접할 수 있다. 하지만 한국 사회에서 종교 중독의 문제는 소수 종교 집단들의 문제만은 아니다. 1970-80년대 한국 개신교회가 급속하게 양적으로 성장할 때 대형교회들을 중심으로 이미 종교 중독 증상들이 나타났다. 오늘날에도 교회 세습 문제가 발생한 대형 개신교회 내에서 종교 중독 증상은 심심찮게 발견된다. 세습 문제가 발생한 교회에서 담임 목사를 지지하는 교회 공동체 구성원들이 담임 목사의 말을 맹목적으로 추종할 뿐 아니라 비판자를 향해 폭력을 행하는 행동은 종교 중독의 대표적인 예다. 또한 지난 2020년 8·15 "광화문집회발" 코로나19 집단 연쇄 감염 사태도 결국 광화문 집회를 주도했던 전광훈에 대한 맹신이 의학적 상식을 외면하게 만듦으로써 발생한 전형적인 종교 중독 현상이었다.

이처럼 한국교회 내 종교 중독의 문제가 심각함에도 그동안 종교

3　Carl Gustav Jung, *Psychologie und Religion* (Zürich & Stuttgart: Rascher Verlag, 1962), 8-9. 『심리학과 종교』(창 역간).

중독은 그리 주목받는 주제가 아니다. 이는 한국 사회가 심각한 알코올 중독 문제를 안고 있음에도 음주에 관용적인 문화로 인해 그 심각성을 제대로 인식하지 못하고 있는 것처럼 한국교회 내 종교 병리적 현상이 일상화되면서 종교 중독의 심각성이 제대로 인식되지 못하고 있기 때문이다. 일중독이 노동의 가치를 왜곡하는 것처럼 종교 중독은 종교의 가치를 왜곡한다. 따라서 코로나19 팬데믹 사태로 인해 위기에 직면한 한국교회의 진정한 회복을 추구하는 그리스도인이라면 한국교회 내 종교 중독의 문제를 보다 진지하게 받아들여야 한다.

종교 중독의 이해

1. 중독에 대한 일반적인 이해

현대 사회에서 "중독"(addiction)이라는 용어는 매우 포괄적으로 사용되고 있다. 그만큼 중독을 한마디로 정의하는 것은 쉬운 일이 아니다. 일반적으로 중독은 "통제력 상실", "강박적인 집착", "관계의 종속성"이라는 현상으로 표출된다. 첫째, 중독은 통제력 상실이라는 측면에서 "어떤 행동을 도저히 중단할 수 없는 상태"다.[1] 둘째, 그것은 강박적인 집착이라는 측면에서 "인간 욕구의 자유를 제한하는 강박적이고 습관적인 모든 행동"이며, "특정한 대상을 향한 욕구에 대한 집착이나 속박에서 야기된다."[2] 또한 "특정 행동이 건강과 사회생활에 해가 될 것임을 알면서도 반

---

1   그랜트 마틴, 『좋은 것도 중독이 될 수 있다』(서울: 생명의말씀사, 1994), 10.

2   메이, 『중독과 은혜』, 39.

복적으로 하고 싶은 욕구가 생기는 집착적 강박"이기도 하다.[3] 셋째, 중독은 관계의 종속성이라는 측면에서 "집착 대상에 노예가 된 것"이며 "습관적으로 하는 행동이나 혹은 그렇게 하지 않으면 스스로 참지 못하는 '노예화'된 행위"다.[4] 또한 "어떤 대상과의 관계에서 만성적으로 그 관계를 유지하고자 자신을 돌보지 않는 상태"이기도 하다.[5] 따라서 중독 현상은 그 증상에 따라 "특정한 대상이나 행위에 통제력을 상실할 정도로 강박적으로 집착하는 현상"으로 포괄적으로 정의된다.

중독자는 자신을 조절하지 못하므로 지속적이고 고질적인 습관이 형성되며 이로 인해 부정적이고 파괴적인 결과를 초래한다. 왜냐하면 그는 "어떤 행동이 자기 자신에게 또는 다른 사람에게 피해를 준다는 것을 알면서도 행동에 대한 충동을 받거나 유혹을 받을 때 견디지 못하고 그 행동을 실천"하기 때문이다.[6] 하지만 중독 대상에 대한 강박적 행위는 중독자가 그 순간만큼은 자신의 만족을 위해 스스로 그 행동을 하려고 한다고 착각하기에 병리적 증상이라고 느끼지 못하는 것이다.[7] 일반적으로 중독 초기에는 중독 대상에 대한 "남용"과 "의존"(dependence)이 기분 전환 체험이나 심리적 혹은 정서적 안정감을 안겨다주지만 중독이 심화되면 중독 대상과의 지속적인 관계가 삶의 전부가 된다. 그와 함께 일상

3   하지현, 『청소년을 위한 정신의학 에세이』(서울: 미호, 2012), 156.
4   아치볼트 하트, 『참을 수 없는 중독』(서울: 두란노, 2007), 18-19.
5   윌리엄 R. 밀러, 『중독과 동기면담』(서울: 시그마프레스, 2007), X.
6   심수명, 『인격치료: 기독교 상담과 인지 치료의 통합적 접근』(서울: 학지사, 2008), 324-325.
7   도상금·박현주, 『충동통제 장애』(서울: 학지사, 2000), 14-15.

생활을 유지하기 위해 필요한 의무를 수행하거나 인간관계를 형성하는 것이 어려워진다. 대부분의 중독자는 스스로 중독 대상을 선택한다고 생각하기 때문에 자신의 행동을 통제할 수 있다는 환상을 가진다. 주변의 우려에도 중독자가 중독 대상과의 관계를 청산하지 못하는 것은 바로 이러한 이유 때문이다.

중독은 알코올, 약물과 마약, 음식 등 우리 몸 안으로 섭취되는 "물질 중독"(substance addiction)과 돈, 권력, 성(性), 도박, 쇼핑, 인터넷, 종교 등 구체적인 일련의 행동과 상호작용의 과정에 빠져드는 "행위 중독"(behavioral addiction) 혹은 "과정 중독"(process addiction)으로 구분할 수 있다.[8]

중독의 진단 기준은 중독의 종류와 시대에 따라 차이를 보인다. 21세기 들어서도 『세계보건기구(WHO)의 국제질병분류』 10판(*International Classification of Diseases and Related Health Problems* 10th Revision, ICD-10)과 미국정신의학협회(American Psychiatric Association, APA)의 『정신과 진단 통계 편람』 5판(*Diagnostic and statistical manual of mental disorders* 5th edition, DSM-5) 사이에도 중독의 종류와 진단 기준에 있어 분명한 변화가 보이며, ICD-10보다 ICD-11은 보다 세분화된 진단 기준을 제시하고 있다. 행위 중독의 경우, 과거에는 "집착"(Salience), "기분 전환"(Mood Modification), "내성"(Tolerance), "금단"(Withdrawal), "갈등"(Conflict), "재

---

8   학자에 따라 "행위 중독"이라는 표현보다 "과정 중독"이라는 표현을 더 선호하기도 한다. 하트, 『참을 수 없는 중독』, 16-17을 참조하라.

발"(Relapse)을 진단 기준의 주요 요인으로 제시했다.[9] 하지만 이 모델 역시 이후에 "집착", "내성"(Tolerance), "통제력 상실"(Loss of Control), "금단", "부인과 은폐"(Denial and Concealment), "문제와 갈등"(Problems and Conflict), "재발"로 보다 세분화되었다.[10] 최근에는 "몰두"(Pre-occupation), "금단", "내성", "사용통제실패"(Reduce/Stop), "다른 활동 포기"(Give up Other Activities), "문제가 있음에도 지속"(Continue despite Problem), "속이기"(Deceive/Cover up), "기분 조절"(Escape adverse Moods), "관계/기회의 위기/상실"(Risk/Lose Relationship/Opportunities)의 9개 항목으로 진단 기준을 구분하기도 한다.[11]

중독의 진행 과정을 살펴보면, 먼저 사람들은 중독 초기에 중독 대상이나 행동과의 지속적인 관계를 유지하기 위해 많은 시간을 투자한다. 중독 대상과의 접촉을 통한 기분 전환 체험은 사회적 갈등이나 심리적 갈등을 자주 경험하는 이들에게 이를 회피함으로써 일시적으로 문제가 해결된 것 같은 착각에 빠지게 한다. 하지만 중독은 곧 내성이 생기므로 중독자는 동일한 수준의 만족감을 얻기 위해 특정 대상이나 행동에 점점 더 많은 시간과 노력을 쏟는다. 주변 사람들의 개입이나 경제적·사회

---

9   Mark D. Griffiths, "Internet Addiction-Time to Be Taken Seriously?," *Addiction Research* 8 (2000): 413-418. Mark D. Griffiths, "A 'Components' Model of Addiction within a Biopsychosocial Framework," *Journal of Substance Use* 10 (2005): 191-197.

10   Daria J. Kuss & Mark D. Griffiths, *Internet Addiction in Psychotherapy* (London: Palgrave Macmillan, 2015), 55-76.

11   Nancy M. Petry et al. "An International Consensus for Assessing Internet Gaming Disorder Using the New DSM-5 Approach," *Addiction* 109 (2014): 1399-1406.

적 환경의 변화로 인해 중독 대상과의 관계가 단절되면 극도의 불쾌감
이나 불안감 등을 느끼는 금단 증상이 나타난다. 금단 증상을 견뎌내지
못하면 중독자의 일상생활이 파괴되면서 주변 사람들과 격심한 갈등을
일으킨다. 중독자가 중독 치료를 받더라도 다시금 갈등에 직면할 때 중
독에 빠질 가능성이 높기 때문에 중독 현상을 개인적인 차원에서 해결
하려는 시도는 적절하지 않다. 중독자에 대한 사회적이고 공동체적인 차
원에서의 대처가 필요한 이유가 바로 여기에 있다.

2. 종교 중독에 대한 일반적인 이해

종교 중독은 "종교 행위, 종교 집단, 종교 지도자 등 종교의 제반 요소
에 통제력을 상실할 정도로 강박적으로 집착하는 현상"을 의미한다. 일
상에서 그것은 교회와 관련된 다양한 종교 활동에 강박적으로 집착하는
사람들을 통해서도 자주 나타난다.[12] 종교 중독은 그리스도인의 신앙생
활과 관련하여 다음과 같이 정의된다. 첫째, 그것은 통제력 상실이라는
측면에서 "하나님과의 관계에 몰두하는 것이 아니라 개인의 삶을 통제
하는 종교에 파괴적이고 위험스러울 정도로 몰두하는 것"이다. 이는 "해
로운 신앙"(toxic faith)으로 명명되기도 한다.[13] 둘째, 종교 중독은 강박적

---

12   하트, 『참을 수 없는 중독』, 158.
13   스티븐 아터번·잭 펠톤, 『해로운 신앙: 종교 중독과 영적 학대의 치유』(서울: 그리심,
2013), 14.

집착이라는 측면에서 "기분을 향상시키기 위해 종교적인 행위를 되풀이하는 것"이다.[14] 셋째, 그것은 관계의 종속성이라는 측면에서 종교적 활동의 의도가 하나님으로부터 벗어나 감정적 중요성이 사람이나 프로그램에 끌려 다니는 것을 의미한다.[15]

다른 여러 물질 중독과 달리 종교 중독은 명확한 치료의 기준을 정하는 데 어려움이 있다. 알코올중독의 경우 술을 마시지 않거나 적절히 마시는 것과 같은 구체적인 기준이나 규정을 정할 수 있지만 종교 중독은 어디까지가 적절한 종교 행위이고 건강한 신앙인지를 규정하는 데 어려움이 있다. 하지만 종교 행위, 종교 집단, 종교 지도자 등 종교의 제반 요소와의 관계를 유지하기 위해 일상생활이 파괴된다면 종교적 특성과 무관하게 종교 중독을 의심해보아야 한다. 이러한 관점에서 볼 때, 종교 중독은 삶의 통제력을 상실한 정도에 따라 평가하는 것이 적절하다. 일반적으로 다음과 같은 5가지 증상이 보일 때 삶의 통제력을 상실한 것으로 평가할 수 있다.

① 종교적 행위에 대한 강박 관념이 표출될 때
② 종교 행위에 참여하지 못해 금단 현상을 보일 때
③ 기존의 종교 행위를 반복해도 만족감을 느끼지 못해 더 강력하고 강박적인 종교 행위를 찾아다닐 때

---

14 데일 라이언, 『중독 그리고 회복』(서울: 예찬사, 2005), 57.
15 마틴, 『좋은 것도 중독이 될 수 있다』, 208.

④ 종교적 행위가 일상적인 관계들을 위태롭게 할 때

⑤ 종교적 가르침에서 제시하는 미래에 지나치게 집중해서 현재를 무시할 때

종교 생활의 거의 모든 제반 요소는 중독의 대상이 될 수 있으며, 종교 중독의 대상은 특정한 종교 행위에서 종교 집단 그리고 그 집단의 지도자에게로 옮겨가는 경향을 보인다. 종교 중독자는 다른 종류의 중독자들처럼 중독 대상과의 관계가 단절되거나 분리될 때 금단 증상을 보이며 그 관계를 가로막는 사람들을 향해 폭력성을 표출한다. 특히 종교 중독자는 다른 종류의 중독자들에 비해 극도의 폭력성을 표출하는 경우가 대부분이다. 왜냐하면 중독 대상으로서 종교 지도자가 종종 "주물"(fetish)로 인식되기 때문이다. 주물(혹은 물신)은 "페티슈"(fétiche)라는 프랑스어를 번역한 용어로서 그것은 그 자체로 힘을 갖고 있다고 믿어 비현실적인 헌신을 바치는 대상이나 관습을 의미한다.[16] 이 페티시(또는 페티슈)를 숭배 대상으로 하는 원초적 신앙을 흔히 "주물숭배"(fetishism)라고 부른다. 주물숭배는 눈에 보이는 대상이나 관습을 통해 길흉화복(吉凶禍福)의 문제를 해결하고 싶어 하는 인간의 욕구가 투사된 것이다. 그것은 원초적 종교의 한 모습이다. 하지만 "특별히 많은 수의 신도를 모을 수 있었던 종교적 생활 규제 체계 또는 종교적 영향 아래에 형성된 생활 규제 체계"를 갖고 있는 "세계 종교"(Weltreligion) 내에서 발생하는

16　아치볼트 하트, 『숨겨진 중독』(서울: 참미디어, 1997), 156.

주물숭배는 일종의 종교 병리적 현상이다.[17] 왜냐하면 현대 사회에서 주물숭배는 고등종교인 세계 종교가 하등 종교인 원시적 종교로 퇴행하는 현상이기 때문이다.[18]

주물은 중세의 성물뿐 아니라 가톨릭의 일곱성사(聖事), 개신교의 헌금, 교회봉사, 주일예배 등과 같이 반복되는 기독교 내에서 일상적인 종교 행위도 될 수 있다. 그리스도인으로서 하나님의 뜻이 이 땅에서도 이루어지길 바라는 근본적인 목적(마 6:10)이 아니라 마술적 힘을 가지고 있다고 맹신하고 강박적으로 집착하는 종교 제반 요소가 주물이 될 수 있다. 현대 기독교에서 가장 빈번하게 발생하는 주물숭배는 마술적 힘을 소유하고 있다고 믿고 맹목적으로 따르는 교회 지도자에 대한 추종 현상이다. 종교 중독의 대상으로서 종교 지도자가 주물로 변질되면 타인에 대한 극단적인 폭력성뿐 아니라 지도자와의 관계를 유지하기 위해 자기 파괴적인 행위도 서슴지 않는다. 이처럼 하나님의 자리에 종교 지도자와 같은 종교의 제반 요소가 자리를 잡고 있다는 점에서 종교 중독은 일종의 우상숭배 현상이다.[19]

---

17 Max Weber, *Gesammetle Aufsätze zur Religionssoziologie*, vol. I, 9th ed. (Tübingen: J. C. B. Mohr, 1988), 237.

18 Durkheim, *Les formes élementaires de la vie religieuse*, 2.

19 하트, 『참을 수 없는 중독』, 159.

3. 종교 중독의 원인

중독의 원인은 낮은 자존감부터 정서적·심리적 장애까지 다양하다. 일반적으로 중독은 단일한 요인에 의해 발생하기보다는 강박 장애, 애착 장애, 심리적·정서적 외상(psychological/emotional trauma) 등과 같은 복합적인 요인들에 의해 발생한다. 단지 종교사회학적 측면에서 종교 중독의 원인은 "집단 외상"(collective trauma 혹은 mass trauma) 또는 "사회적 외상"(social trauma)에 집중할 필요가 있다. 왜냐하면 낮은 자존감이나 다른 정서적·심리적 장애들은 대부분 유년기 혹은 유아기의 문제들과 관련이 있지만 외상 장애는 성인기에도 큰 영향을 끼치기 때문이다.

물론 초기 정신분석학 이론에서 자주 언급된 것처럼 어린 시절의 다양한 영향은 일평생 영향을 끼친다. 특히 종교 중독과 직접적으로 관련된 자기 통제 능력은 어린 시절에 형성된 방어 기제, 정신 구조, 핵심적인 정서 등에 의해 결정된다. 따라서 이 시기에 감당할 수 없을 정도의 강한 외부 자극은 종교 중독의 직접적인 요인이 되기도 한다. 예를 들어, 어린 시절 장기간 방어 기제에 노출되면 성인이 되어 병리적 환상에 사로잡히게 되는데, 이를 제대로 치료하지 않을 경우 왜곡된 정체성을 형성하고 이는 자기 통제 능력 형성에 악영향을 끼친다. 하지만 최근의 정신분석학 이론들은 종교 병리적 문제를 일으키는 요인을 어린 시절의 문제들에만 국한하는 것에 대해 비판적이다.[20] 그러므로 종교 중독의 원

---

20 Alain de Mijolia, "Psychoanalysis," *International Dictionary of Psychoanalysis*, vol. 3 (New

인을 살펴볼 때, 유년기 혹은 유아기의 요인뿐만 아니라 외상과 같이 전 연령대에 영향을 끼치는 요인에 대해서도 살펴보아야 한다. 특히 한국교회 내 종교 중독의 문제를 이해함에 있어 집단 외상 혹은 사회적 외상은 매우 유용한 개념이다.

1) 낮은 자존감

낮은 자존감은 종교 중독의 주요 요인 중 하나다. 교회를 다니는 사람들이 자존감과 자신감을 평가하는 세 가지 측정치에서 낮은 점수를 보인다는 연구와, 높은 종교적 가치가 낮은 자기 신뢰도와 연관되어 있다는 연구들은 이미 널리 알려져 있는 사실이다. 물론 종교심리학적 측면에서 이러한 연구들에 대한 비판적 접근이 반드시 필요하지만 종교에 극단적으로 끌리는 사람들이 더 많은 개인적 결핍을 느낀다는 것은 부인할 수 없다.[21]

낮은 자존감의 징후에는 인간관계에 있어 수동성이나 지나친 겸손, 열등감, 비교 의식, 패배주의를 쉽게 표출하는 언어 표현 등이 있다. 자존감이 낮은 사람은 타인과 개인적인 관계를 맺는 것을 힘들어 하기에 고립감과 소외감을 쉽게 느끼고 자신을 아무런 조건 없이 받아줄 것 같은 환상을 제공하는 집단에 쉽게 융화된다. 열등감, 비교 의식, 패배주의 등으로 건강한 자아 정체성이 형성되지 않는 사람은 공동체가 제시하는

York: Macmillan Publishing, 2005): 1362-1366.

21 메리 조 메도우·리차드 D. 카호, 『종교심리학 하』(서울: 민족사, 1994), 340-341.

집단 정체성을 쉽게 받아들이므로 집단과 자신을 동일시하고 집단의 규범이 자신의 기존 지식들을 무효화하더라도 거부감을 느끼지 않는다. 특히 종교 집단이나 지도자의 의지에 순응할 것을 요구받을 때, 비록 그것이 자신에게 피해를 준다 하더라도 쉽게 거부하지 못한다.

낮은 자존감의 요인은 매우 다양하다. 혹자는 낮은 자존감의 원인을 부모로부터 적절한 반응을 받지 못해서라고 주장한다. 이러한 관점에서 건강한 자존감은 "부모로부터 적절한 반응을 충분히 받거나 정서적 조율을 받았을 때 얻는 최종적 산물"이다.[22] 혹자는 어린 시절에 부모나 가까운 사람들에게 학대나 무시를 당한 아이가 성인이 되어서도 "상처받은 내면아이"(a wounded inner child)에 머물기에 낮은 자존감을 가진다고 주장한다. 이러한 관점에서 "과거에 무시당하고 상처받은 내면아이"(neglected, wounded inner child of the past)는 사람들이 경험하는 모든 불행의 가장 큰 원인이다.[23] 인간은 어린 시절 건강한 "자기애적 욕구들"(narcissistic needs)이 채워지지 않았을 때, 자신의 정체성을 형성하는 데 어려움을 겪는다. 이 경우 어른이 되어서도 자신의 욕구들이 충족되지 않았다고 느끼며 심리적 결핍을 느낀다. 내면아이는 언제나 다른 사람과의 관계에서 실망하고 좌절하기 때문에 항상 자신의 부족함을 메워줄 수 있는 완벽한 대상을 찾아 헤맨다. 이러한 점에서 중독은 마음의 공허한 빈틈을 채우려는 내면아이의 처절한 시도라고 볼 수 있다.[24] 낮은

---

22 필립 플로레스, 『애착장애로서의 중독』(서울: 눈, 2013), 103.
23 존 브래드쇼, 『상처받은 내면아이 치유』(서울: 학지사, 2009), 30-31.
24 브래드쇼, 『상처받은 내면아이 치유』, 37-38.

자존감의 형성 요인은 다양하지만 낮은 자존감으로 인해 자아 정체성이 제대로 정립되지 않는 사람이 쉽게 중독에 빠진다는 것은 부인할 수 없다. 이는 종교 중독에도 동일하게 적용된다.

2) 정서적·심리적 장애

낮은 자존감과 더불어 정서적·심리적 장애는 중독의 주요 요인이다. 양자는 상호작용을 한다. 예를 들어 낮은 자존감은 우울증이나 조울증과 같은 기분 장애, 불안 장애, 강박 장애 등을 일으키기도 하는데, 이러한 상태가 지속되면 중독 대상을 필요로 한다. 정서적·심리적 장애는 다양하다. 미국정신의학회의 DSM-5는 21개의 주요 정신 장애(mental disorder)를 다루고 있다. 그중에서 종교 중독에 직접적인 영향을 끼치는 우울 장애, 불안 장애, 강박 장애, 애착 장애, 외상 장애, 해리성 장애에 대해서 살펴보도록 하자.

우울 장애

첫째, 우울 장애(depressive disorders)는 파괴적인 기분 조절 장애, 주요 우울 장애, 지속성 우울 장애 혹은 기분 부전 장애(dysthymia), 월경 전 불쾌 장애, 물질/약물 유발 우울 장애, 다른 의학적 상태로 인한 장애, 다른 특정 우울 장애 및 불특정 우울 장애 등을 포함한다. 일반적으로 우울 장애는 "현저하게 개인의 기능 능력에 영향을 끼치는 신체적·인지적 변화를 동반한 지속적인 슬픔, 공허감, 과민한 기분" 등의 공통 증상을 보인다.[25] 과거 DSM-4에서는 조증과 함께 "양극성 및 관련 장애"(bipolar and related disorders)라 하여 일종의 기분 장애로 분류되었으나, DSM-5에 와서는 우울 장애로 분리되었다. 그만큼 최근 들어 우울 장애로 고통받는 현대인들이 증가하고 있다. 우울 장애는 단순히 슬픈 기분이 지속될 뿐 아니라 공허감이나 무기력증 등을 동반한다. 가벼운 수준의 우울 장애는 누구나 한 번씩 경험하며 일상생활을 유지하는 데 걸림돌이 되지 않는다. 하지만 그 정도가 심해지면 자살 위험이 높아진다.

종교 중독과 관련하여 우울 장애의 가장 심각한 후유증은 아론 벡(Aaron T. Beck, 1921년 출생)이 언급한 "우울증적 인식"(depressive cognitions)이다. 우울증적 인식은 "임의적 추론"(arbitrary inference), "선택적 추상화"(selective abstraction), "과잉 일반화"(overgeneralization), "과장과 축소"(magnification and minimization), "부정확한 명명"(inexact labeling) 등을 통해 정상적인 인지를 왜곡시켜 중독의 문제를 외면하게 한다.[26] 종교의 제반 요소와 같이 중독의 대상이 가치 체계를 제공하는 문제와 연관되어 있을 경우, 왜곡된 인지는 중독을 심화시키는 주요한 요인이 된다.

---

25 American Psychological Association(=APA), *Diagnostic and Statistical Manual of Mental Disorders,* 5th ed.[=DSM-5] (Washington, DC: APA, 2013), 155.

26 Aaron T. Beck & Brad A. Alford, *Depression: Causes and Treatment,* 2nd ed. (Philadelphia: University of Pennsylvania, 2009), 203-205. 임의적 추론이란 자신의 생각을 뒷받침하는 증거가 없거나 명백한 반대의 증거가 있음에도 특정한 결론을 내리는 것을 의미한다. 선택적 추상화란 특정한 사건과 관련된 일부의 정보만 선택적으로 받아들여 그것이 마치 전체를 의미하는 것처럼 잘못 해석하는 것을 의미한다. 과도한 일반화란 어떤 현상을 너무 넓은 범위에 적용하는 현상이다. 과장과 축소란 실제보다 훨씬 심각하게 생각하거나 의미를 축소하는 것을 의미한다. 부정확한 명명이란 사람들의 특성이나 행위를 기술할 때 과장하거나 부적절한 명칭을 사용하는 것을 의미한다.

불안 장애

둘째, 불안 장애(anxiety disorder)는 "과도한 두려움과 불안의 특징을 공유하는 장애와 그와 관련된 행동 장애"를 의미한다. "두려움은 실제적이거나 인지하고 있는 임박한 위협에 대한 정서적 반응인 반면에 불안은 미래의 위협에 대한 예상이다."[27] 물론 불안에 대한 다양한 심리학적 분석이 존재한다. 정신분석 이론에 따르면, 불안은 해결되지 않은 무의식적인 갈등의 표현이다. 또한 인지행동 이론에 따르면, 불안은 부정적인 주변 환경에 대한 과도한 인식, 주위 환경의 정보를 인지하는 과정의 왜곡, 특정 문제에 대응하는 자신의 능력에 대한 부정적 시각으로 인해 부정확하고 부적절하게 위험을 인식한 결과다. 불안 장애에는 "분리 불안 장애"(separation anxiety disorder), "선택적 함구증"(selective mutism), "공포증"(specific phobia), "사회 불안 장애"(social anxiety disorder) 혹은 "사회 공포증"(social phobia), "공황장애"(panic disorder), "광장공포증"(agoraphobia), "범불안 장애"(generalized anxiety disorder) 등이 있다.[28]

불안 장애의 원인은 다양하다. 일단은 두려움과 불안의 대상은 건강, 경제적인 문제, 실직, 학업 성적, 취직 등 구체적인 경우도 있지만 무엇인가 끔찍한 일이 일어날 것 같은 막연한 느낌처럼 근거가 없는 경우도 있다. 따라서 불안 장애의 원인도 죽음에 대한 공포와 같은 극단적인 불안부터 사랑하는 대상과의 이별, 자기 자신의 이상과 가치에 도달하지

---

27   *DSM-5*, 189.
28   *DSM-5*, 190-233.

못하는 것에 대한 불안에 이르기까지 다양하다. 특히 현대인들은 직업, 경제적 문제, 가족 간의 갈등 등 다양한 불안 요소를 안고 살아가는데 이러한 불안 심리를 회피하고 긴장을 이완하기 위한 목적으로 술이나 도박 등을 이용한다. 만약 종교 행위를 통해 절정감이나 기분 전환 체험을 하고 일시적으로 불안을 망각할 경우 쉽게 종교 중독에 빠진다.

강박 장애

셋째, 강박(obsession)은 자신의 의지와는 상관없이 어떤 특정한 사고나 행동을 반복적으로 하게 되는 상태를 의미하며, 강박 장애(obsessive-compulsive disorder)는 반복적인 강박 사고와 강박 행동을 동반한다. 강박 장애의 원인은 아직 정확히 밝혀지지 않았다. 과거에는 낮은 자존감과 같은 심리적 요인이나 유전적 요인에 대한 연구가 활발했다. 하지만 최근에는 세로토닌(serotonin)과 같은 신경 전달 물질의 문제로 설명하기도 한다.[29]

하지만 강박 장애는 분명한 증상을 나타낸다. 특히 자기강박(self-obsession)은 "~해야만 해"와 같은 강박적 부담을 스스로에게 부여함으로써 극단적이고 완벽주의적인 원칙에 집착하는 경향을 보인다. 자기강박을 가진 사람은 자신이나 다른 사람들의 행동에 대해 엄격하고 고정된 생각에 함몰되어 있어서 현실이 원래 기대했던 수준에 이르지 못할 경

29　노대영, 김지민, 김찬영, "강박장애의 개념과 진단 기준의 변천과 향후 방향", *Anxiety and Mood* 6/2 (2010): 93-101 중 93-94.

우 지나치게 부정적으로 평가한다.[30] 이처럼 강박 장애를 가진 사람은 비현실적인 원칙들을 고수하기 때문에 일반적인 종교 행위나 집단으로는 만족을 느끼지 못하고 현실적으로 이룰 수 없는 환상을 계속해서 쫓는다. 이런 사람이 거짓으로 그 환상을 채워줄 것처럼 유혹하는 종교 집단이나 지도자를 만날 경우 쉽게 종교 중독에 빠진다.

애착 장애

넷째, 심리학적 측면에서 애착(attachment)이란 "유아 혹은 어린 동물 새끼와 그 부모나 보호자 사이의 정서적 유대"를 의미한다.[31] 애착은 다른 개인들과 그러한 유대를 형성하는 유년기의 경향일 뿐 아니라 정서적으로 지지해주는 사회적 관계를 찾는 성인기의 경향이기도 하다. 이처럼 애착은 인간의 정서적 안정감과 그와 연관된 정체성을 형성하는데 큰 영향을 끼친다. 따라서 애착 장애는 종교 중독과 같은 비정상적인 심리 상태를 이해하는 데 큰 도움을 준다. 영유아들은 애정이나 안락함과 같은 기본적인 감정적 욕구들에 애착을 느끼며 이것이 채워지면 "위안"(comfort)을 느낀다. 애착 장애는 부모의 일관성 없고 둔감하며 부적절한 양육이나 학대와 같은 위협적인 양육을 경험한 아동이 부모와 같은 양육의 주체와 적절한 애착을 형성하지 못할 경우 발생한다.[32] 그것은

---

30   데브라 호프 외, 『사회불안증의 인지행동치료; 사회불안 다스리기』(서울: 시그마프레스, 2007), 107-108.
31   "Attachment," *APA Dictionary of Psychology*, 2nd ed. (Washington, DC: APA, 2007), 86.
32   콜비 피어스, 『애착장애의 이해와 치료』(서울: 시그마프레스, 2011), 41.

부적절하고 학대와 관련된 양육의 맥락에서 발생한다는 점에서 일종의 "외상 장애"(traumatic disorder)다.

애착 장애를 가진 아동들은 "자기, 타인, 세상에 대한 역기능적인 지각(애착 표상), 과각성(불안), 욕구 충족에 대한 과도한 집착" 등으로 인해 사회적 관계를 형성하는 데 어려움을 겪는다. 나아가 자연스러운 사회적 관계를 맺어야 하는 대상에 대해서는 지나치게 경계하거나 배타적인 자세를 취하는 데 비해, 낯선 사람에게 지나친 친밀감을 느끼는 등 애착 대상을 선택하는 능력이 현저하게 떨어진다.[33] 건강한 대인 애착 없이 성인이 된 사람들이 결여된 친밀함을 특정한 물질(음식, 약물 등)이나 행동(도박, 섹스 등)을 통해 대체하려고 할 때 중독에 빠진다.[34] 그러므로 애착 장애를 가진 사람은 일상적인 종교 행위나 집단에 대해서는 흥미를 못 느끼고 비정상적인 종교 행위나 집단에 친밀감을 느낀다. 특히 비정상적인 종교 지도자에게 친밀감을 느끼는 이상 심리 현상은 종교 중독의 직접적인 원인이다.

외상 장애

다섯째, 외상 장애 혹은 DSM-5의 분류에 따르면 "외상 및 스트레스 관련 장애"(traumatic and stressor-related disorders)란 "외상 또는 스트레스가 많은 사건에 노출되어 발생하는 장애"를 의미하며, 반응성 애착 장애, 탈

---

33   피어스, 『애착장애의 이해와 치료』, 42-44.
34   플로레스, 『애착장애로서의 중독』, 20, 53.

억제성 사회적 유대감 장애, 외상 후 스트레스 장애(PTSD), 급성 스트레스 장애 및 조정 장애 등을 포함한다.[35] 정신 건강 영역에서 "외상"이란 "과도한 위험과 공포, 스트레스 상황에 대한 심각한 심리적 충격"을 의미한다. 그것은 "심각한 죽음이나 상해를 입을 위험을 실제로 겪었거나 그러한 위협에 직면했을 때 혹은 타인이 죽음이나 상해의 위험에 놓이는 사건을 목격했을 때, 이에 대해 강렬한 두려움, 무력감, 공포를 경험한 경우"에 발생한다. 외상 사건은 강간이나 구타를 비롯한 여러 형태의 성폭력과 가정폭력뿐 아니라 정치적 테러까지 다양한 요인에 의해 발생하며, 그로 인한 "부정, 억압, 해리는 개인의 내적 수준에서뿐만 아니라 사회적 수준에서도 작동한다."[36] 정서적·심리적 외상이 집단 단위로 발생할 때 집단 외상이라 부르며 그 집단 단위가 사회적 차원으로 확대될 때 사회적 외상이라 부른다.

외상 경험(traumatic experience)은 사건의 종료 후에도 심리적 상처로 남아 오랜 기간 동안 삶에 부정적인 영향을 끼친다. "외상 사건"(traumatic event)이 발생할 때, 피해자는 "압도적인 세력"에 의해 무기력해지는데, 이 세력이 자연에 의한 것일 때는 "재해"라고 불리며, 다른 사람에 의한 것일 때는 "잔학 행위"라고 불린다. 단일한 외상 사건은 일상적으로 발생하지만 만성적이고 반복적인 외상도 속박된 환경에서 종종 일어난다.[37] 근대 이후 한국 사회는 외상 사건에 일상적으로 노출되어

---

35 *DSM-5*, 265.

36 주디스 허먼, 『트라우마: 가정폭력에서 정치적 테러까지』(서울: 플래닛, 2007), 17-18.

37 허먼, 『트라우마』, 135.

있었다. 한국전쟁이나 1970-80년대 군사 독재, 2003년 대구 지하철 참사, 2014년 "세월호"의 비극 등이 대표적인 외상 사건이다.

해리성 장애

여섯째, 해리성 장애는 "의식, 기억, 정체성, 감정, 인식, 신체의 정상적인 통합, 표현, 동력 제어 및 행동에 있어 중단 및 또는 불연속"을 의미한다. 해리 증상은 정신 기능의 모든 영역을 잠재적으로 방해할 수 있다. 해리성 장애는 대부분 우울 장애와 불안 장애를 동반하며 건강한 현실 인식을 가로막는다. 전 세계적으로 희귀한 장애이기에 한 사람 안에 둘 이상의 각기 다른 정체감을 가진 인격이 존재하는 주된 이유에 대해서는 별로 알려진 바가 없다. 단지 이전의 심각한 외상 경험과 관련이 있는 것으로 추측된다. 해리성 장애에는 "해리성 정체성 장애"(Dissociative Identity Disorder) "해리성 기억 상실"(Dissociative Amnesia), "비인간화/비현실화 장애"(Depersonalization/Derealization Disorder) 등이 있다.[38]

외상 스트레스와 해리 장애를 전문적으로 연구하는 시드란 연구소(Sidran Institute)에 따르면, 해리란 "한 개인의 생각들, 기억들, 감정들, 행동들 또는 자기 정체감 사이의 분리"다. 증상이 심하지 않은 일반적인 해리의 예로는 공상, 고속도로 최면(highway hypnosis) 또는 책이나 영화 속에서의 방향 상실 등이 있다. 최근에는 해리를 일종의 방어 기제로서

---

38   DSM-5, 291-307.

이해하는 경향이 뚜렷하다.[39]

4. 외상과 종교 중독

심리적·정서적 외상과 중독은 밀접한 상관관계를 맺고 있다. 예를 들어, 오늘날 인간의 심리 상태의 왜곡을 설명하는 다양한 이론 중 여러 논란에도 불구하고 애착 이론(attachment theory)이 시각적으로나 경험적으로 분명한 연구 결과를 보여준다는 점에서 자주 인용된다.[40] 애착 이론은 "수치, 공포, 다른 고통스러운 정동에 대한 자기애적 방어"라는 관점에서 중독을 이해하는데, 정서적·육체적 또는 성적 학대로 인한 심리적 외상이 물질 중독과 밀접한 상관관계를 맺고 있다는 연구를 주도적으로 진행하고 있다.[41] 애착 이론에 따르면, 외상 경험으로 인해 발생하는 수치, 공포 혹은 다른 다양한 고통스러운 경험이나 정서를 다시 겪기 싫어하는 욕구가 자기방어 기제를 작동시켜 다른 것에 집착하게 만드는 현

---

39 "해리는 사고, 재난 또는 범죄 피해와 같은 외상 경험으로 인해 사람이 너무 견디기 어려운 것을 견딜 수 있도록 도와줄 수 있다. 이와 같은 상황에서 사람은 압도적 사건과 관련된 장소, 상황 또는 느낌에 대한 기억을 분리하여 정신적으로 두려움, 고통 및 공포에서 벗어난다. 이로 인해 많은 재난 및 사고 생존자들이 보고한 바와 같이 나중에 경험의 세부 사항을 기억하기가 어려울 수도 있다." 미국정신의학회(APA) 홈페이지 〈https://www.psychiatry.org/patients-families/dissociative-disorders/what-are-dissociative-disorders〉(2020년 8월 20일 검색).

40 Jude Cassidy & Phillip R. Shaver (eds), *Handbook of Attachment: Theory, Research, and Clinical Applications*, 3rd ed. (New York: The Guilford Press, 2016), x.

41 플로레스, 『애착장애로서의 중독』, 48-49, 107.

상이 바로 중독이다. 심리적·정서적 외상으로 인한 부정, 억압, 해리 등은 현실을 받아들이는 능력을 저하시킨다. 이는 현실을 부정하고 왜곡함으로써 다른 것에 몰두하고자 하는 심리적 경향을 부추긴다. 중독은 현실 도피 욕구와 밀접하게 연관되어 있는 만큼 그 정당화의 기제를 종교 집단이나 지도자에게서 발견할 때 종교 중독에 빠진다. 그 과정에서 외상은 다양한 방식으로 종교 중독을 발생시킨다.

첫째, 가장 빈번하게 발생하는 방식은 주물숭배 현상이다. 외상 사건을 경험한 사람이 현실을 부정하고 열광적 기도와 강박적인 예배 참여 등과 같은 마술적이며 주술적인 방식으로 현실을 바꾸려는 욕망에 집착할 때 주물을 찾게 된다. 특정한 주물의 초월적 힘에 대해 맹신하거나 카리스마적 지배력을 표출하는 종교 지도자가 주물로 변질되면 자연스럽게 종교 중독으로 이어진다.

둘째, 외상 사건을 경험한 사람이 현실의 문제를 해결하고자 하는 욕구를 억압하고 의도적으로 회피하려 할 때, 좀 더 안전한 다른 대상들에 집중하려는 "치환"(Displacement)이 일어난다. 하지만 치환이 일어났다고 해서 내·외부적인 요인으로 인해 억압해온 그 무엇이 사라지는 것은 아니다. 오히려 그것은 우리의 의식의 가장자리를 맴돌며 우리 안에 남는다. 이 경우 억압당한 욕구의 에너지를 다른 특정한 대상이나 행위에 속박시킬 때 중독이 발생한다.[42] 이때 억압이 강할수록 그 대상에 대한 강박적인 집착도 강해진다. 종교 중독은 외상 사건을 경험하고도 그

---

42   메이, 『중독과 은혜』, 13-14.

것을 해결하고자 하는 욕구를 억압해야 하는 상황에 처한 사람이 종교적 가치에 대한 집착이 거룩하며 더 우월적이라는 왜곡된 가르침을 접할 때 발생한다. 과거 한국교회 내에서는 외상 사건을 하나님의 형벌로 묘사하거나 종교적 영역으로의 도피를 위한 일종의 도구로 미화하는 방식으로 종교 중독을 부추겼다.

셋째, 외상 경험이 해리성 장애를 일으킬 때, 강력한 황홀감이나 종교적 절정감에 대한 집착이 발생할 수 있다. 종교심리학적 측면에서 열광적인 종교 행위는 약물만큼이나 강력한 황홀감 혹은 종교적 절정감과 같은 기분 전환 체험을 제공한다.[43] 해리성 장애로 인한 우울 장애나 불안 장애로 인해 심리적 격동 상태를 견뎌내기 힘들어하는 사람이 종교 행위를 통해 강력한 황홀감이나 절정감을 맛볼 경우 쉽게 집착하게 된다.[44] 왜냐하면 극단적인 종교 체험은 해리성 장애를 가진 사람의 기억, 정체성, 의식, 지각의 통합의 와해나 변화를 가속화시키기 때문이다. 열정적인 종교 행위가 제공하는 종교적인 절정감, 즉 "정상 경험"(mountaintop experience)은 일반적으로 서서히 사라지는 감정, 즉 "하강" 경험("downer" experience)으로 이어진다. 외상 사건을 경험한 사람이 현실의 고통이나 혼란을 잊게 하는 정상 경험에 집착하여 하강 경험을 받아들이려고 하지 않을 때, 감정의 고양 혹은 열광을 조작해내는 종교 집단이나 지도자에게 강박적으로 집착한다.[45]

---

43   하트, 『참을 수 없는 중독』, 163–164.
44   라이언, 『중독 그리고 회복』, 57.
45   아터번 · 펠톤, 『해로운 신앙』, 47.

종교 중독자는 초월자와의 교제나 관계를 감정의 고양 혹은 열광과 동일시한다. 하지만 그 강도가 강해질수록 감정의 고양 혹은 열광은 종교 활동을 통해 얻어지는 부산물이기보다는 그 자체가 목적이 된다. 사실 종교 중독자의 강박적인 종교 행위는 현실의 고통을 해소하려는 욕구의 표출일 뿐이다.[46] 하지만 종교 중독자는 감정적 열광을 영혼의 회복으로 인식하기에 자신이 중독 상태에 처해 있음을 인정하지 못한다. 건강한 그리스도인이라면 황홀경과 같은 극단적인 감정의 변화가 억압된 감정을 해소하기 위한 일종의 카타르시스(catharsis)임을 부정해서는 안 된다. 종교 중독은 황홀한 체험 자체에 극단적으로 집착하는 일종의 쾌락을 좇는 행위일 뿐이다.[47]

5. 종교 중독의 특징

1) 강박적 집착으로 인한 극단적 종속성

중독은 특정한 대상에 강박적으로 집착함으로써 정서적으로 완전히 종속되는 현상이다. 따라서 중독자는 중독 대상에 의해 삶이 좌우되는 극단적 수동성을 보인다. 종교 중독의 경우도 마찬가지다. 종교 집단이나 지도자에 대한 강박적인 집착이 발생하면 종교 중독자는 종교적 제반

---

46 마틴, 『좋은 것도 중독이 될 수 있다』, 213.

47 하트, 『참을 수 없는 중독』, 166.

요소와의 관계를 제외하고는 삶의 의미를 발견하지 못하기 때문에 거기에 정서적으로 완전히 종속된다. 외상 장애와 같은 문제를 안고 있는 사람은 현실의 삶 속에서 아무런 문제가 발생하지 않을 것 같은 환상을 심어주는 종교 집단이나 지도자에게 자신의 삶을 내맡기고 속박된 채 따라가려는 내적 욕구에 쉽게 굴복한다. 이러한 사람들은 자신의 삶에 대해 스스로 결정하고 판단하기보다는 어떻게 생각하고 행동해야 할지를 지도해줄 독재적인 인물을 필요로 하고 그 인물의 종교적 권위에 맹목적으로 복종한다.[48]

종교 중독은 종교적 권위에 대한 맹목적인 복종이 자신의 삶을 더 고민 없이 편안하게 만들어줄 것이라는 망상에 의해 심화된다. 일반적으로 권위주의적인 종교 집단이나 지도자는 명확한 구조와 법규 등을 제시함으로써 추종자들에게 큰 기대감을 가지게 만들고 추종자들은 그 집단이나 지도자의 암시와 영향력에 현저하게 빠져든다. 결국 종교 중독자는 자신이 종교 지도자의 사적 소유로 전락함에도 전혀 거부감을 느끼지 못할 뿐 아니라 오히려 사유화가 심화될수록 종교 지도자와 더욱 밀접한 관계를 맺고 있다고 착각하며 더욱 안정감을 느낀다.

2) 권력 중독

권위주의적 인격이나 애착 장애와 같은 정서적·심리적 문제를 갖고 있는 사람이 신앙을 가지면 민주적인 소통을 지향하는 종교 지도자보다는

---

48 마틴, 『좋은 것도 중독이 될 수 있다』, 209-210.

강력한 권위를 내세우는 비정상적인 지도자에게 매력을 느낀다. 특히 종교 지도자가 소위 "영적인"—실제적으로는 "주술적인"—힘을 가졌다고 인정받을 경우, 이런 부류의 사람들은 그 권위에 절대적으로 복종한다. 하지만 종교 중독이 추종자의 입장에서만 발생하는 것은 아니다. 추종자들이 증가할수록 종교 지도자 역시 쉽게 권력 중독에 빠진다.

한국교회에서 권력 중독의 문제가 심각한 이유는 권력에 대한 집착을 성공을 위한 동력 정도로 치부하는 사회적 분위기 때문이다. 한국 사회에서 권력 중독은 "열정"으로 쉽게 포장된다. 이러한 사회적 분위기는 교회 지도자의 권력 중독을 "사명에 대한 열심"이나 "거룩한 욕망"과 같은 용어로 정당화하도록 부정적인 영향을 끼치고 있다. 하지만 행동 중독의 일종으로서 권력 중독은 다른 물질 중독에 비해 그 폐해에 있어서는 큰 차이가 없다. 왜냐하면 종교 중독의 특성상 교회 지도자가 주물숭배의 대상이 되면 추종자는 그 지도자의 완전한 통제 아래 놓이고 지도자가 가학성을 표출해도 저항할 수 없게 되기 때문이다.

종교 중독자에 대한 가학성의 표출은 종교 지도자에게 지배감을 느끼게 해줌으로써 새로운 정체성을 부여한다. 이는 자신의 약점을 가려주고 내적 갈등이나 고통을 둔화시키는 기분 전환의 체험을 선사한다. 따라서 교회 지도자가 심각한 심리적·정서적 외상 경험으로 인해 내적 갈등이나 고통을 둔화시키려는 강한 욕망을 갖고 있을 경우 권력 중독에 쉽게 빠진다. 하지만 종교 중독자에 대한 가학성의 표출이 내적 문제를 해소하거나 사라지게 만들지는 못한다. 오히려 종교 중독자에 대한 가학성의 표출은 수치심과 죄책감 등을 가중시킨다. 결국 내적 갈등과 고통

은 더욱 증가되며 권력 중독자는 이를 잠재우기 위해 더 강력한 가학성
을 표출하고 싶어 하고 더 높은 차원의 권력을 추구한다.[49]

3) 흑백 논리와 극단적 폐쇄성

종교 중독자는 사고, 가치, 선호 등을 명료한 범주 안에 넣으려는 경향을
보인다. 이는 사물이 두 가지 범주만 있는 것으로 생각하는 흑백 논리를
강화하는 부작용을 낳는다. 일반적으로 흑백 논리의 한쪽 범주는 우수
성, 성공, 지혜, 매력으로 구성되어 있고, 다른 쪽 범주는 불량, 실패, 어
리석음, 못생김으로 구성되어 있다. 좋은 범주는 매우 좁고 성취하기 힘
든 조건들이고 나쁜 범주는 아주 넓어서 성취하기 쉬운 조건들이다. 흑
백 논리에 빠진 사람들은 "적당한" 혹은 "부분적인" 성공을 인정하지 않
기에 실패의 경험을 훨씬 더 많이 한다.[50] 분명한 삶의 기준을 갖고 적극
적으로 행동하는 것처럼 보이는 사람들이 더 많은 내적 갈등과 고통을
경험하는 이유가 바로 여기에 있다.

　　종교 영역에서 흑백 논리는 세상의 모든 것을 선과 악으로 구분하
는 이분법적 세계관으로 나타난다. 흑백 논리에 기반한 이분법적 세계관
은 선으로 규정한 대상에 대한 맹신을 부추기고 악으로 규정한 대상에
대한 혐오와 차별을 정당화한다. 종교 중독자가 표출하는 극단적인 폐쇄
성은 바로 여기서 출발한다. 종교 중독자는 흑백 논리에 빠져 끊임없이

49　마틴, 『좋은 것도 중독이 될 수 있다』, 173-176.
50　호프 외, 『사회불안증의 인지행동치료』, 100-101.

타인에게 자신의 가치를 강요하지만 내적으로 항상 그 선에 이르지 못하고 있다는 자책감에 시달린다. 이 자책감은 자신과 다른 견해를 가진 사람을 부정하고 배척하게 만들고 타인의 부정적인 부분들을 들추어냄으로써 스스로 우월한 종교적 위치에 있다는 착각으로 이끈다.[51]

하지만 다른 한편으로 종교 중독자는 종교 집단이나 종교 지도자를 통해 자신이 신뢰하는 협소한 선의 기준에 합당하다는 인정을 받고자 몸부림친다. 왜냐하면 종교 중독자가 주장하는 선의 기준이 종교적으로 명확한 것 같아도 사실 그것은 자신의 부족한 내적 욕구를 채워주는 종교 집단이나 지도자에 의해 주입된 것이기 때문이다. 흑백 논리에 빠진 종교 중독자는 스스로 선의 기준에 도달했다는 확신이 없기 때문에 항상 상위 권위를 가졌다고 믿는 타인의 인정에 집착한다. 이를 위해 가족이나 친구와의 관계도 기꺼이 희생하고 극단적인 폐쇄성을 정당화한다.

4) 반대자 혹은 배교자에 대한 폭력성

종교 중독자의 극단적 폐쇄성은 그가 속한 종교 집단이나 지도자를 반대하거나 "배교"했다고 낙인찍힌 사람들을 향한 폭력성으로 표출된다. 특히 사교 집단 내에서 소위 "배교자"에 대한 폭력 행사는 장려되기도 한다. 사실 종교 중독자의 극단적인 폐쇄성과 타자에 대한 폭력성은 동전의 양면과 같다. 종교 중독자에게 종교 집단과 지도자는 절대적 선으로 받아들여지기 때문에 이를 받아들이는 사람들 사이에서는 강력한 폐

51　아터번·펠톤, 『해로운 신앙』, 45.

쇄성이 표출된다. 폐쇄적인 집단의 구성원이 되면 절대적 선을 지키기 위해 반대자나 배교자를 절대적 악으로 낙인을 찍음으로써 물리적인 폭력 행사를 정당화한다. 반대자 혹은 배교자에 대한 종교 중독자의 폭력은 종교 집단 내에서 감정적 전환이나 열광을 체험할 기회를 가로막는 모든 대상에게 가해지며 친구나 가족 등 친밀한 개인적인 관계를 맺었던 사람들도 예외일 수 없다.[52]

물론 모든 종교는 다른 종교적 가치에 대한 배타성을 부분적으로 내포하고 있다. 하지만 소위 "세계 종교"가 건강할 경우 이러한 배타성을 완화하는 가르침이 주류의 지지를 얻어 폭력을 억제하는 기제가 작동한다. 하지만 특정 종교가 건강하지 못할 경우, 배타성은 폭력성으로 전환된다. 사교 집단이나 기독교 사이비 집단의 조악한 윤리적 가르침은 집단의 이익을 위해 반대자나 배교자를 향해 폭력을 사용하도록 오히려 부추긴다. 이러한 종교 집단에서 반대자나 배교자에 대해 폭력성은 집단 구성원의 정체성으로 자리 잡는 경우가 많다.

5) 인지 왜곡으로 인한 가치 전도 현상

"인지 왜곡"(cognitive distortion)은 다양한 중독자에게 공통적으로 나타나는 현상이다. 인지 왜곡이라는 용어는 원래 범죄학(Criminology)에서 "위법 행위 시 범죄를 지지하는 태도, 인지 과정 또는 이후에 범죄에 대한

---

52   마틴, 『좋은 것도 중독이 될 수 있다』, 213-214.

변명 혹은 중립화"를 지칭하는 포괄적 용어였다.[53] 미국에서는 1960년 대부터 아론 벡과 데이비드 번즈에 의해 정서적·심리적 장애로 인한 정신 병리적 증상을 치료하기 위해 "인지 치료"(cognitive therapy) 개념이 대중화되면서 부각되었다. 미국정신의학협회는 인지 왜곡을 과도한 일반화처럼 정신 장애(mental disorder)로 인해 형성된 "잘못되거나 부정확한 생각, 지각 또는 신념"이라고 규정한다.[54] 인지 왜곡 증상은 정서적·심리적 장애에 따라 다양하다. 예를 들어, 우울 장애는 임의적 추론, 선택적 추상화, 과도한 일반화, 과장과 축소, 부정확한 명명 등을 통해 인지를 왜곡한다.

물론 인지 왜곡은 크든 작든 정도의 차이가 있지만 모든 사람에게 일어나는 일상적인 심리 현상이다. 하지만 종교 중독으로 인한 인지 왜곡은 가치 전도(價値顚倒) 현상을 통해 반사회적 행위를 부추길 뿐 아니라 치료 과정이 끝난 이후에도 일상생활에 필요한 사회적 인식을 형성하는 데 저해 요소로 작용한다.

6) 확증 편향

"확증 편향"(Confirmation Bias)이란 기존에 옳다고 믿는 생각이나 신념을 확증하는 증거를 선택적으로 받아들이고 반대되는 증거를 무시하는

---

53   Shadd Maruna & Ruth E. Mann, "A Fundamental Attribution Error? Rethinking Cognitive Distortions," *Legal and Criminological Psychology* 11(2006): 155-177 중에서 155.

54   "Cognitive Distortion," *APA Dictionary of Psychology*, 2nd ed. (Washington, DC: APA, 2007), 204.

경향성을 뜻한다. 종종 "자기편 편향"(Myside Bias)이라고 불리기도 한다.[55] 확증 편향은 인지 왜곡 현상 중 하나이며 누구에게나 발생할 수 있는 일반적인 심리 현상이다. 따라서 확증 편향은 개인적인 지적 능력의 차이와는 아무런 관계가 없다. 모든 인간은 타인의 주장이나 다른 의견은 냉철하게 비판할 줄 알면서도 자기주장에는 관대한 경향성을 보인다. 1968년 피터 와슨(Peter C. Wason)은 심리학 실험을 통해 지적인 성인이라 할지라도 새로운 문제에 대한 과학적 태도를 쉽게 받아들이지 못한다는 사실과 지적인 성인이 자신을 위해 확증적인 증거를 생산해낼 수 있을 때 눈에 띄게 집착적으로 자신의 설명을 고수하는 경향을 가지고 있다는 사실을 증명했다.[56] 와슨의 실험은 이후에 확증 편향이라는 용어를 정립하는 데 주춧돌이 되었다.[57]

하지만 일반적인 심리 현상으로서 확증 편향과 달리 외상 경험이나 다양한 부정적인 외적 요인에 의해 강화된 확증 편향은 심각한 사회 병리적 문제를 일으킨다. 특히 종교 중독자의 확증 편향은 절대적 가치를 내세우는 종교적 주장이나 지도자에 대한 맹신을 강화하는 도구로 남용된다. 확증 편향을 통해 형성된 맹신은 내적 갈등을 덮어줌으로써 일시

---

55   Hugo Mercier & Dan Sperber, *The Enigma of Reason* (Cambridge: Harvard University Press, 2017), 213.

56   Peter C. Wason, "Reasoning about a Rule," *Quarterly Journal of Experimental Psychology* 20/3 (1968): 273-281.

57   C. R. Mynatt, M. E. Doherty & R. D. Tweney, "Confirmation Bias in a Simulated Research Environment: An Experimental Study of Scientific Inference," *Quarterly Journal of Experimental Psychology* 29/1 (1977): 85-95.

적으로 기분 전환 체험을 제공할 뿐 아니라 현실의 문제를 외면하도록 자극한다. 확증 편향과 맹신은 상호작용을 통해 종교 중독의 문제를 증폭시킨다. 사교 집단이나 기독교 사이비 집단의 반사회적이고 비윤리적인 성격이 외부적으로 폭로된 후에도 추종자들이 쉽게 그 집단이나 지도자를 떠나지 않는 데에는 확증 편향에 의한 인지 왜곡이 큰 역할을 감당한다. 따라서 극단적 종속성, 권력 중독, 흑백 논리와 극단적 폐쇄성, 반대자(혹은 배교자)에 대한 폭력성, 인지 왜곡 등과 같은 종교 중독의 다양한 문제들은 극단적인 확증 편향이 없이는 형성될 수 없다.

성서는 그리스도인에게 지속적으로 하나님께 대한 믿음을 강조하지만 타인에 대한 비난에 앞서 자신의 결점을 살펴보는 성찰의 자세를 끊임없이 요구한다(마 7:3-5). 이는 그리스도인이 윤리적 문제에 있어 확증 편향에 빠지지 말아야 할 것을 분명하게 보여준다. 따라서 건강한 교회 공동체는 성도들에게 확증 편향으로 인한 맹신의 위험을 알리고 교회 지도자의 가르침을 성서를 통해 점검하며 가치 기준을 정립할 것을 가르쳐야 한다. 하지만 종교 중독을 통해 유지되는 집단은 오히려 확증 편향을 강화함으로써 중독자의 집단이나 지도자에 대한 복종을 유도한다.

제2장

한국교회 내 종교 중독의 문제

1. 한국교회와 집단 외상

외상은 종교 중독의 주요한 요인이다. 전쟁이나 국가 폭력, 사회적 비극 등은 사회적 차원의 집단 외상을 발생시킨다. 한국 사회는 한국전쟁과 군사 독재, 2003년 대구 지하철 참사, 2014년 "세월호"의 비극 등 수없이 많은 집단 외상 혹은 사회적 외상을 경험했지만 이를 해결하기 위한 사회적 담론에 제대로 주목하지 못했다. 특히 군사 독재 세력에 의한 집단 외상은 한국교회 내 종교 중독의 문제를 심화시킨 주요 요인이지만 한국교회는 이를 외면했다. 왜냐하면 한국교회의 주류를 형성하고 있는 기독교 근본주의 세력은 군사 독재 세력과의 공생 관계 속에서 양적 성장을 거듭했기 때문이다.

군사 독재 세력은 억압적인 사회 체제를 유지하기 위해 공권력이라는 미명하에 물리적 폭력을 남용했다. 그것은 물리적 폭력에 의해 직접적인 피해를 입은 사람들뿐만 아니라 군사 독재 세력에 협력하지 않은 사람들도 언젠가 물리적 폭력의 피해자가 될 수 있다는 강력한 두려움을 한국 사회의 구성원들에게 안겨주었다. 특히 1972년 유신 체제의 등장과 함께 더욱 권위주의적으로 변모한 한국 사회는 자기 검열을 통해 스스로 개발 독재 이데올로기를 내재화하도록 억압했고 군사주의에 기반한 억압은 "외적 강제에서 내적 자율로까지 확장"되었다.[1] 이러한 과정에서 개발 독재 이데올로기를 비판하는 이들은 "빨갱이"나 "공산주의자"로 낙인찍혔고 개발 독재 이데올로기에 속박된 사회적 환경은 만성적이고 지속적인 집단 외상 사건을 양산했다.

이러한 집단 외상 경험은 한국교회 내 기독교 근본주의 세력의 부상을 가져왔으며 이는 종교 중독의 문제를 심화시켰다. 군사 독재 기간 동안 발생한 집단 외상 사건은 한국 사회 구성원들의 현실 도피 욕구를 자극했고 당시 엄격한 정교분리를 주장함으로써 정치적 무관심과 종교적 영역으로의 도피를 정당화했던 기독교 근본주의의 가르침은 열광적인 지지를 받았다. 기독교 근본주의자들은 정치적인 것에 대한 관심을 비성서적인 것이며 반기독교적인 것으로 규정함으로써 군사 독재로 인해 왜곡된 현실을 외면하고 싶었던 이들의 죄의식을 약화시켰다. 하지만

---

1 황병주, "박정희 체제의 지배담론과 대중의 국민화", 『대중독재 1: 강제와 동의 사이에서』(서울: 책세상, 2004), 479.

사회적·정치적 변화에 대한 욕구가 억압되면서 보다 안전한 영역인 종교적 영역에 대한 집착은 강화되었다. 한국 사회 내 권위주의가 팽배할수록 억압적인 현실에서 도피하기 위해 더욱 강력한 종교적 열광 상태가 요청되었고 소위 "성령 체험"을 인위적으로 만들어내는 종교 집단과 지도자에 대한 맹신은 종교 중독으로 이어졌다. 하지만 한국교회 내 종교 중독이 심화될수록 근본주의적인 교회들은 폭발적으로 성장했다. 권위주의적인 지도자들의 교회에서 그리스도인들이 정서적 안정감을 느끼면서 그런 교회가 급속도로 성장했다는 사실은 한국교회의 양적 성장이 종교 병리적 문제와 연관되어 있었음을 잘 보여준다. 한국의 그리스도인들이 "신천지"와 같은 기독교 사이비 집단에 쉽게 빠지는 것도 더 강력한 종교적 권위를 지향하는 종교 중독이 남긴 어두운 그림자다.

물론 성서는 권위를 전면적으로 부인하지 않는다. 하지만 성서가 말하는 권위는 "지배 서열"(pecking order)의 권위가 아니다. 다시 말해 성서는 누군가를 조종하고 지배하기 위한 권위가 아니라 "기능의 권위"(authority of function)를 말한다. 그것은 위계적 질서에 따라 지도자에게 일방적으로 복종하는 것을 가르치기보다는 자기부인을 기반으로 한 상호 종속관계를 가르친다.[2] 그것은 그리스도인들을 향해 교회의 권위에 복종하라고 가르치지만(고전 16:16; 히 13:17) 그 권위는 특정 공동체의 지도자가 독점할 수 있는 것이 아니며 절대적인 것도 아니라는 사실을

---

2   Richard J. Foster, *Celebration of Discipline: The Path to Spiritual Growth*, 20th Anniversary Edition (New York: HarperCollins Publishers, 1998), 127-128. 『리처드 포스터 영적훈련과 성장』(생명의말씀사 역간).

가르친다. 교회 지도자는 "본"을 보임으로써 다른 사람들을 섬기고 그들에게 유익을 주기 위해 은사를 활용하고 행사할 책임을 가진 사람이다. 절대로 자기를 신뢰하는 사람들을 "주장하는 자세"로 조종해서는 안 된다(벧전 5:3). 교회 공동체의 구성원들은 수동적으로 교회 지도자에게 삶을 내맡겨서는 안 되며 스스로 깨어 있기 위해 노력해야 한다(벧전 5:8). 따라서 건강한 그리스도인이라면 교회 지도자의 권위가 성서의 가르침에 위배되지 않는지를 분별할 줄 알아야 한다.[3]

2. 한국교회 내 종교 중독의 폐해

1) 교회의 사유화

한국교회 내 종교 중독의 폐해는 교회의 사유화에서 가장 잘 드러난다. 교회의 사유화란 교회가 교회 지도자와 같은 특정한 개인의 소유가 되거나 완전한 통제 아래에 놓이는 것을 의미한다. 사유화된 교회는 담임목사와 같은 특정한 개인의 이익을 위해 남용되고 그 안에서 구성원들은 마땅히 누려야 할 유익을 빼앗긴다. 한국교회 내에서 빈번하게 발생하는 교회 세습의 문제는 교회 사유화의 대표적인 문제다. 교회의 세습은 그리스도가 머리가 되시고 그리스도인들이 지체로서 그 몸을 이루는 공동체로서의 교회(엡 1:22-23)를 부정하는 것과 교회가 자본주의 사회

3　마틴, 『좋은 것도 중독이 될 수 있다』, 218.

의 사기업과 같이 특정한 사람의 소유로 전락했음을 보여줄 뿐이다.

사실 교회는 그 자체의 공교회성(公敎會性)으로 인해 특정 개인의 소유가 될 수 없다. 공교회성이란 지역적 차이에도 불구하고 그리스도를 주(主)로 고백하는 신앙으로 인해 형성되는 그리스도인 공동체의 특성을 의미한다(엡 4:4-6). 따라서 공교회성은 그리스도의 "몸"(엡 1:23)으로서 "에클레시아 카톨리케"(ἐκκλησια καθολικη, 보편적인 교회)에서 발생하며, 이를 통해 그리스도인들은 그리스도의 한 몸을 이루는 각각 다른 "많은 지체"로서 정체성을 정립한다(고전 12:12-27). 공교회성에 대한 신앙고백은 사도신경에서 찾아볼 수 있으며, 325년과 381년의 두 번의 공의회에서 확증된 니케아-콘스탄티노플 신경을 통해서도 확증되었다. 마르틴 루터(Martin Luther, 1483-1546)는 "거룩한 공교회"(ecclesia santa catholica)의 정체성을 하나님의 말씀의 선포와 성례전에서 찾았고 필리프 멜란히톤(Philipp Melanchthon, 1497-1560) 역시 루터와 유사한 교회론을 갖고 있었다.[4] 장 칼뱅(Jean Calvin, 1509-1564)은 하나님의 말씀이 선포되고 성례전이 올바로 거행되는 어느 곳에나 하나님의 교회가 존재한다고 강조했다.[5]

교회의 사유화는 교회의 공교회성에 대한 거부이며, 이는 그리스도를 교회의 주인으로 인정하지 않는 행위다. 그러므로 교회의 사유화는 담임 목사와 교회 성도의 관계가 사교 집단의 지도자와 추종자의 관계

---

4   Martin Luther, "Von den Konziliis und Kirchen (1539)," in *Weimarer Ausgabe*[=*WA*], vol. 50, 488-653 중 628-630.

5   Ioannes Calvinus, *Institutio Christianae Religionis*, 6. 1. 9-10(이하 Institutio로 인용함).

로 변질된 대표적인 종교 중독의 해악이다. 권위주의적인 담임 목사는 종교 중독 증상을 보이는 추종자들에게 현실의 삶 속에서 아무런 문제가 발생하지 않을 것 같은 환상을 심어주며 이 환상은 스스로 삶의 주도권을 포기하고 그저 수동적으로 따라가고자 하는 추종자들의 내적 욕구를 자극한다. 담임 목사에 대한 맹신은 권위에 대한 의존성을 강화함으로써 교회의 사유화를 거부하지 못하게 만든다. 종교 중독자는 사유화된 교회에서 오히려 담임 목사와 친밀한 관계가 형성되었다고 느낀다. 교회의 사유화는 종교 중독 증상을 보이는 교회 구성원들의 공동의 이익을 파괴하지만 종교 중독자는 그것이 자신에게 더 유익한 결과라는 망상에 사로잡힌 채 만족스러워한다.

2) 교회 지도자 숭배

종교 중독으로 인한 인지 왜곡은 교회 지도자 숭배를 부추긴다. 특히 한국교회의 경우, 초대형교회를 일구어낸 담임 목사에 대한 숭배가 심각한 상황이다. 교회 지도자 숭배는 카리스마적 권위에 대한 추종 의식의 결과물이다. 과거 한국교회의 성장 과정을 살펴보면 기독교 근본주의를 신봉하는 담임 목사의 카리스마적 권위에 의존하여 급속한 성장을 이루어낸 경우가 대부분이었다. 베버에 따르면, 카리스마적 권위는 비(非)일상적 사건을 실현할 수 있는 개인의 초월적인 힘에 대한 확신에 기초하고 있으며 일종의 "은총의 선물"(Gnadengabe)로서 카리스마에 의해 절대적

Corpus Reformatorum 30(이하 CR로 인용함).

인 것으로 받아들여진다.[6] 따라서 카리스마적 권위를 인정받는 종교 지도자는 쉽게 일반적인 사람보다 특별한 존재로 인식된다. 과거 한국교회에서 초대형교회를 일구어낸 담임 목사들의 카리스마적 권위는 하나님의 능력을 대신하는 것으로 받아들여졌고 바로 이 지점에서 담임 목사에 대한 숭배가 시작되었다. 교회 지도자 숭배와 관련하여 현재 한국교회가 우선적으로 해결해야 하는 문제는 바로 교회의 세습과 가부장적 권위주의다.

첫째, 교회의 세습이란 특정한 교회의 담임 목사나 교회 유관 기관 혹은 패러처치(parachurch)의 대표가 자신의 담임 목사직이나 대표직을 자녀와 같이 혈연관계에 있는 이에게 대물림해주는 것을 뜻한다. 건강한 교회에서는 이러한 현상이 교회 구성원들에게 정상적으로 받아들여질 수 없다. 교회의 세습은 교회 구성원들이 종교 중독과 같은 병리적 상태에 처해 있음을 반증한다. 세습으로 인해 문제가 발생한 교회의 구성원 중 세습을 찬성하는 교인들이 세습을 반대하는 교인들을 담임 목사의 권위에 도전하는 사악한 존재로 묘사하면서 혐오하고 폭력을 행사하는 사건을 종종 접할 수 있다. 이는 인지 왜곡과 가치 전도 현상으로 인해 담임 목사에 대한 지지가 곧 하나님의 뜻으로 받아들여졌기 때문이다. 그러므로 한국교회는 교회 세습을 담임 목사에 대한 숭배라는 종교 중독의 관점에서 접근해야 한다. 교회의 세습은 교회 지도자 숭배로 인해 권력 중독에 빠진 담임 목사가 은퇴 후에도 자신의 영향력을 지속적

6　　Weber, "Politik als Beruf," 507.

으로 과시할 수 있는 사유물을 대신 관리해줄 사람을 가족 구성원으로 세우는 과정이며 그렇기에 교회 세습이 발생한 교회는 담임 목사의 이익을 지키기 위한 이익 집단으로 변질될 수밖에 없다.

둘째, 한국교회에서 흔히 발생하고 있는 담임 목사에 대한 숭배는 사실 한국 사회의 뿌리 깊은 가부장제와 연관되어 있다. 가부장제는 모든 사회적 관계를 가족 관계로 환원하여 모든 권위를 가부장이 독점하는 이데올로기에 의해 유지된다. 가부장의 권위는 절대적이며 그 권위에 복종하는 것이 곧 도덕적으로 선한 것으로 평가받는다. 그러므로 가부장제가 종교적으로 정당화될 때 가부장에 대한 숭배는 자연스러운 현상으로 받아들여진다. 카리스마적 권위를 내세우면 초대형교회를 일군 담임 목사들이 자신의 남성성을 자랑하고 여성성을 비웃어도 거부감을 느끼지 않거나 여성 교인에 대한 성폭력 문제가 발생했을 때 담임 목사를 두둔하는 여성 교인들의 심리는 단순히 카리스마적 권위로만 설명할 수 없다. 과거 담임 목사에 대한 숭배는 분명히 가부장제를 기반으로 하고 있으며 이는 기독교의 가치를 심각하게 침해했다.

과거와 달리 최근 한국교회에서 여성 담임 목사들이 증가하고 있기에 혹자는 교회 지도자 숭배와 가부장제의 연관성을 부정할지도 모르겠다. 하지만 현실은 여성이 담임 목사가 되었다고 해서 기존의 가부장적 권위를 해체했다고 보기는 어렵다. 종교적 영역에서 진정한 가부장제의 해체는 가부장의 권위를 절대화하는 권위주의적 의식의 해체 및 여성 지도자에 대한 숭배가 발생하지 않을 때 비로소 실현된다.

3) 추종자에 대한 학대

종교 중독은 필연적으로 종교적 권위에 의한 학대 문제를 일으킨다. 과거에는 추종자에 대한 학대가 주로 사교 집단이나 기독교 사이비 집단에서 발생했다. 하지만 "빛과진리의교회"의 성도 학대 논란이나 "인천새소망교회"의 그루밍 성범죄에서 알 수 있는 것처럼 최근에는 한국교회 내에서도 종교적 위력에 의한 학대 문제가 심화되고 있다. 권력 중독에 빠진 교회 지도자는 추종자들이 자신의 권위에 완전히 복종하고, 자신이 그들의 삶을 완전히 통제하는 상황을 통해 기분 전환 체험을 한다. 하지만 권력 중독은 내성이 생기기 때문에 교회 지도자는 더욱 강력한 권력 행사에 집착한다. 이 과정에서 추종자들에게 반사회적인 행동이나 삶의 양식을 강요하면서 추종자에 대한 심각한 정신적·심리적 학대와 경제적·성적 착취가 발생한다. 인간의 정신(Psyche), 마음(Mind), 몸(Body)은 서로 맞닿아 있고 상호작용을 한다.[7] 그러므로 종교적 권위에 의한 학대는 인간의 영혼을 황폐하게 만든다.

자신의 종교적 권위를 이용해 성도들을 학대하는 현상을 혹자는 "영적 학대"(spiritual abuse)로 규정하기도 한다. 영적 학대는 가정 폭력처럼 힘이나 권력을 가진 사람이 그렇지 않은 사람을 향해 일방적으로 정신적·물리적 폭력을 가할 때와 유사한 문제를 발생시키므로 대단히 위험한 행위다.[8] 물론 영적 학대라는 용어는 "영적"이라는 용어가 갖고 있

---

7   게리 R. 콜린스, 『폴 투르니에의 기독교 심리학』(서울: IVP, 1998), 54-55.

8   라이언, 『중독 그리고 회복』, 175-177.

는 다층적인 어감으로 인해 영미권에서도 많은 논란을 낳았다.[9] 하지만 오늘날 이 용어는 종교적 권위에 의한 학대를 포괄적으로 지칭하기 위해 자주 사용된다. 영적 학대는 교회의 정체성을 뒤흔드는 심각한 죄악이다. 종교적 권위를 가진 지도자가 자신의 이익을 위해 신뢰와 존경을 가지고 따르는 사람을 억압하고 지배하며 조정하고 착취하는 것은 결국 교회가 이익 집단으로 변질되었음을 의미한다. 이익 집단으로서 교회의 공적 참여는 결국 교회의 기득권을 지키기 위한 반기독교적 행위일 뿐이다.

하지만 안타깝게도 영적 학대는 한국교회 내에서 낯선 현상이 아니다. 그것은 신앙적 측면과 사회적 측면에서 부정적인 영향을 끼친다. 첫째, 신앙적 측면에서 영적 학대는 "연자 맷돌의 비유"(마 18:6)와 같이 영혼을 죽이는 행위다. "영적 존재"로서 인간의 초자연적 부분과 자연적 부분은 상호작용을 한다.[10] 따라서 영적 학대는 인간성을 총체적으로 파괴한다. 예를 들어, 영적 학대를 받은 추종자는 그 공동체를 떠난 이후에도 기독교 신앙에 대한 불신을 품고 하나님에 대한 왜곡된 이미지를 갖는다. 또한 인지 왜곡으로 인한 가치 전도 현상은 상당 기간 동안 재사회화 과정을 가로막는 장애물로 남는다.

둘째, 사회적 측면에서 영적 학대는 종교적 위력에 의한 범죄다. "신옥주 사건"과 같이 종교적 위력 행사는 사교 집단에서 종종 발생한

---

9   Lisa Oakley & Kathryn Kinmond, *Breaking the Silence on Spiritual Abuse* (London: Palgrave Macmillan, 2013), 7-10.

10   W. B. 클리프트, 『융의 심리학과 기독교』(서울: 대한기독교출판사, 1984), 17.

다. 우리나라 형법 제303조에 따르면 "업무, 고용 기타 관계로 인해 자신의 보호 또는 감독을 받는 사람을 위력으로써 간음한 자는 5년 이하의 징역 또는 1,500만 원 이하의 벌금에" 처한다. 위력(威力)이란 피해자의 자유의사를 제압하기에 충분한 유·무형적 세력을 뜻하며 폭행·협박뿐 아니라 행위자의 사회적·경제적·정치적 지위나 권세도 포함된다.[11] 타인의 의사를 제압할 수 있는 힘이 업무와 관련될 경우 업무상 위력 행사의 범죄가 성립되고, 종교와 관련될 경우 종교적 위력 행사의 범죄가 성립된다. 그러므로 재정적 착취나 성적 착취를 동반하는 영적 학대는 결국 종교적 위력에 의해 추종자를 착취하는 사회적 범죄다.

종교적 위력에 의한 범죄가 잘 드러나지 않는 이유는 외적 압력이 다양한 방식으로 표출되기 때문이다. 사교 집단이나 기독교 사이비 집단에 비해 종교 중독을 묵인하는 교회 공동체의 권위주의적 지도자들은 물리적 폭력을 통한 압력보다는 무언의 혹은 암시적인 승인을 통해 종교 중독자를 조종한다. 종교 중독으로 인한 영적 학대의 기간이 길어질수록 추종자에 대한 완전한 통제가 가능하므로 학대의 기제도 더욱 교묘해지고 강압적인 집단 압력 앞에 추종자는 더욱 무기력해진다. 이런 종류의 교회 지도자들은 대부분 스스로 하나님의 기준을 고수하고 있다는 확신을 추종자들에게 심어주고 다른 교회나 그리스도인들의 신앙과 실천을 격하함으로써 이들을 통제한다.[12] 종교 중독자는 집단의 기대에

---

11 "청소년의 성보호에 관한 법률 위반"과 관련된 대법원 2007년 8월 23일 선고 2007도4818 판결을 참조하라.

12 아터번·펠톤, 『해로운 신앙』, 46.

순응함으로써 얻어지는 승인에 매우 의존적이기에 뚜렷한 규칙과 요청, 명령 등에 대해 순응함으로써 얻게 되는 대가로서 무언의 승인 혹은 암시적인 승인을 통해 감정의 고양과 만족을 느낀다.[13] 일반적으로 종교 중독자는 교회 지도자로부터 영적 학대를 받을 때 자신에게 그 책임을 돌리면서 자기비하나 자기혐오에 빠진다.

영적 학대와 관련하여 한국교회 내에서 종종 강조되는 "겸손"의 미덕에 대한 새로운 이해가 필요하다. 사실 한국의 보수적인 교회들은 겸손이라는 명목으로 담임 목사의 무리한 요구를 무비판적으로 받아들이도록 강요하곤 한다. 하지만 성서에서 말하는 "겸손"은 외적 강요가 아니라 인격적 변화를 통해 스스로 자신을 낮추는 행위를 의미한다. 야고보서 4:10에서 말하는 겸손은 하나님 앞에서 스스로 자신을 낮춤으로써 하나님께서 높여주심으로 인해 형성되는 새로운 정체성을 가리킨다. 그러나 왜곡된 의미의 "겸손"은 결국 "담임 목사에 대한 복종"을 유도하기 위한 도구일 뿐이다. 인격적 변화가 아니라 교인들을 더욱 쉽게 통제하기 위해 강요되는 "겸손"은 결국 교인들의 자존감을 무력화하고 자기학대나 자기비하를 조장한다.

낮은 자존감은 종교 중독의 주요한 요인 중 하나다. 낮은 자존감을 겸손한 마음으로 착각하는 사람은 교회 공동체 내에서 자신의 의지를 내세우지 않고 지도자의 요구에 복종함으로써 얻게 되는 긍정적 반응에 집착하고 이를 방치하면 자기학대, 자기비하, 자기혐오에 기반한 병리적

---

13   메도우·카호, 『종교심리학 하』, 341.

정체성을 갖게 된다. 성서는 자신에 대한 사랑과 타인에 대한 사랑을 동시에 가르친다(레 19:18; 마 22:39). 기독교적 사랑은 자기비하나 자기혐오에서 나오는 것이 아니라 건강한 자존감에서 출발하는 것이다.

4) 폭력성의 강화

한국교회가 종교적 위력에 의한 학대 혹은 영적 학대에 좀 더 관심을 가져야 하는 이유는 이러한 학대가 종교 중독자를 종교적 위력 행사에 의한 피해자로 만들면서 동시에 가해자로 만들기 때문이다. 종교 중독 초기에 교회 지도자의 추종자는 분명 영적 학대의 피해자이지만, 권력 중독에 빠진 교회 지도자가 자신의 추종자를 억압하고 조정하여 자신의 반대자나 배교자에게 폭력을 가하도록 몰고 갈 경우 종교 중독자는 폭력 행위의 가해자가 된다. 안타깝게도 한국교회에서 종교 중독자의 폭력 행위로 인한 문제는 낯선 일이 아니다. 얼마 전에도 성추행 혐의를 받고 있는 담임 목사를 위해 "로고스교회" 교인들이 공동대책위원회에 소속된 비판자들에게 물리적 폭력을 행사한 사건이 발생했다. 이외에도 재정 착취나 노동 착취 혹은 성 착취 등과 같은 추종자에 대한 학대가 발생한 교회에서 담임 목사의 추종자들이 내부 고발자나 비판적 언론 등을 향해 폭력성을 표출하는 사례는 수없이 목격된다. 특히 종교 중독 증상을 보이는 대형교회 내에서 세습 문제가 발생했을 때, 담임 목사의 세습을 찬성하는 이들이 반대하는 이들을 향해 극단적인 혐오 표현과 물리적 폭력을 가감 없이 표출하는 모습은 이젠 일상적이기까지 하다.

하지만 종교 중독자는 영적 학대를 당하면서도 자기 혼자서는 집착

대상과의 관계를 결코 끊을 수 없다. 따라서 친족이나 친구와 같이 개인적 친분이 있는 사람들이 중독 치유 전문가와 함께 개입을 하는 경우가 대부분이다. 이 경우 종교 중독자는 교회 지도자와의 관계가 단절되어 금단 증상이 나타나면서 폭력성을 극도로 표출한다. 그러므로 종교 중독을 치유하기 위해서는 교회 지도자에 의해 조종되어 표출하는 폭력성과 금단 증상으로 인해 표출되는 폭력성을 명확하게 구분할 필요가 있다.

5) 주물숭배의 대상으로서의 자본

자본주의 사회에서 부(富) 혹은 풍요에 대한 욕망은 종교 중독을 부추긴다. 왜냐하면 종교에 대한 강박적인 집착이 일상적인 방식으로는 이룰 수 없는 자본의 축적을 주술적 방식으로 이루려는 욕망에서 종종 발생하기 때문이다. 이러한 측면에서 자본의 주물화는 종교 중독의 주류적 경향이다. 물론 일부 사교 집단이나 기독교 사이비 집단의 경우 극단적인 성속이원론을 강조하기도 한다. 극단적인 성속이원론을 추종하는 종교 집단의 경우 현실의 삶을 부정하고 집단 자살과 같은 극단적인 선택을 강요하기도 한다. 하지만 이런 경우는 극소수다.

후기 자본주의 사회를 살아가는 그리스도인들은 표면적으로는 자본주의가 단순한 경제 체제이며 돈은 자신의 삶을 영위하기 위한 수단이라고 말한다. 하지만 그들은 실제 생활 속에서 비그리스도인들과 동일하게 돈을 벌기 위해 개인의 삶과 가족관계를 희생할 뿐 아니라 극단적인 경우에는 인간성마저도 포기한다. 자본주의 사회에서 돈 없이 살아갈 수는 없다. 하지만 돈을 삶을 영위하기 위한 수단이 아니라 삶의 목적이자 나아가 숭배의 대상으로 바라보는 것은 일종의 "배금주의"(Mammonism)다. 배금주의는 돈을 통해 더 높은 사회적 계층(혹은 계급)으로 나아가고자 하는 욕망뿐 아니라 가난한 자를 지배함으로써 느끼는 지배감과도 연관되어 있다.

과거 양적 성장을 위해 종교 중독을 묵인했던 한국의 대형교회들은 자본의 주물화와 배금주의로부터 자유롭지 않았다. 그 결과 신학적 측면에서 구원을 구매(혹은 교환)할 수 있다고 믿는 구원론의 왜곡을 가져왔다. 성서는 구원을 하나님의 선물로 묘사하고 있다(롬 5:15-17). 하지만 전광훈 사태에서 알 수 있듯이 종교 중독으로 인한 인지 왜곡을 경험한 많은 한국의 그리스도인들은 특정한 교회 지도자가 구원을 판매할 수 있다는 말을 맹신하고 있다. 구원을 구매할 수 있다는 왜곡된 가치관은 기독교 사이비 집단에서 빈번하게 발생하는 재정적 착취의 주요인이었다. 하지만 과거 "번영신학"(prosperity theology)을 통해 성장한 교회들도 유사한 문제를 안고 있다. 번영신학을 수용한 그리스도인들은 구원과 같은 영적인 가치를 거래할 수 있다는 생각에 거부감을 느끼지 않는다.[14] 더구나 교회의 존재 목적을 양적 성장과 대형화로 주장하는 일부 대형교회들은 하나님의 인도하심에 대한 감사의 표현으로서 헌금을 요청하기보다는 돈을 통해 자신의 잘못을 용서받으려는 욕망에 적합한 방식으로 헌금을 강요했다. 이러한 교회들 속에서 교회 봉사나 담임 목사에 대한 순종도 돈을 대체하는 다른 수단일 뿐 영적인 가치를 구매하려는 구

14　라이언, 『중독 그리고 회복』, 76.

원론의 왜곡은 여전히 진행되고 있다. 하지만 왜곡된 구원론에 빠져 자신의 전 재산을 교회에 바치는 극단적인 행위는 영적인 것을 추구하는 사람의 헌신이 아니라 자본 교환을 통해 구원을 획득(구매)하려는 욕구의 표현일 뿐이다.[15]

사실 고린도전서 9장에서 바울이 말하고 있는 진정한 의미의 헌금은 고난 가운데 있는 그리스도인들과 사회적 약자를 돕기 위한 것이다. 그러므로 사회적 섬김(*diakonia*)을 위해 사용하지 않으면서 헌금이나 물질적 기부를 강요하는 담임 목사의 설교는 왜곡된 구원론에 기반한 일종의 집단 압력일 뿐이다. 안타깝게도 지금까지 한국의 대형교회들은 자본주의적 구매 욕구를 하나님의 은혜를 받기 위한 방법으로 포장하면서 성장해왔다. 더 나아가 구원론의 왜곡은 하나님에 대한 인식을 변질시켰다. 물질적 풍요를 위해 섬기는 초월자는 고등 종교에서 말하는 인격적인 신이 아니라 숭배자가 마음대로 부릴 수 있는 하등 종교의 초월적이고 신비한 힘일 뿐이다. 결국 자본의 주물화 혹은 배금주의는 하나님을 경배의 대상이 아니라 고통을 피하고 성공을 가져다주는 값싼 축복의 도구로 전락시킨다.

---

15 아터번·펠톤, 『해로운 신앙』, 41.

3. 종교 중독에 대한 한국교회의 대응

종교 중독의 문제는 일부 사교 집단이나 한국교회 내 일부 기독교 사이비 집단만의 문제가 아니다. 한국교회의 성장 과정 속에서 종교 중독은 이미 여러 교회 공동체 내에 들어와 일반화되었고 현재에도 부정적인 영향을 끼치고 있다. 따라서 이제 한국교회는 이러한 종교 중독의 문제에 보다 적극적으로 개입해야 한다. 이를 위해 한국교회는 다음의 두 가지 사실에 주의를 기울여야 한다.

첫째, 종교 중독 문제를 해결하기 위해서는 한국교회의 연대적 협력이 필요하다. 종교 중독의 가장 직접적인 해결책은 중독의 대상이 된 사교 집단이나 기독교 사이비 집단 및 그 지도자와 종교 중독자를 일정 기간 동안 단절시키는 것이다. 이를 위해서는 종교 중독자가 치료에만 집중할 수 있는 지속적인 경제적 지원과 전문적인 협조가 필요하다. 다른 중독과 마찬가지로 종교 중독 치료는 중독자 스스로 해결할 수 없다. 무엇보다 전문가와 정서적인 도움을 주는 사람들이 필요하다. 더구나 종교 중독 치료를 위해서는 전문적인 교육을 받은 의사와 상담자가 필요할 뿐 아니라 유사한 문제를 안고 있는 사람들이 함께 치료를 받을 수 있도록 도움을 줘야 한다. 이는 개별 교회의 노력만으로는 진행될 수 없다. 따라서 종교 중독 문제를 해결하기 위한 교회 연합체나 전문가 집단으로 구성된 기독교 비영리 단체들(Christian NGOs)의 조직과 지원이 필요하다. 이를 위해 한국교회의 연대적 협력이 반드시 필요하다.

둘째, 한국교회 내 종교 중독의 심각성에 대한 공감대가 형성되어야 한다. 이를 위해서 종교 중독자에 대한 실질적인 치료를 돕는 손길뿐만 아니라 한국교회 내부에 도사리고 있는 종교 중독 요소에 대한 처절한 반성도 필요하다. 사실 종교 중독은 일종의 우상숭배 현상이기에 초월자와의 교제 혹은 관계를 파괴한다. 이는 하나님에 대한 경배와 그 뜻을 실현하기 위해 살아가려는 그리스도인에게 가장 위협적인 결과다. 따라서 한국교회는 종교 중독의 우상숭배적 요소를 진지하게 성찰했어야 했지만, 현실은 교회의 양적 성장을 위해 이를 어느 정도 용인하고 묵인해왔다. 지금이라도 한국교회는 군사 정권의 지원과 재벌의 성장 모델을 답습함으로써 이루어낸 급속한 양적 성장을 종교 중독과의 연관성 속에서 비판적으로 평가해야 한다. 이러한 성찰이 이루어질 때, 종교 중독의 문제를 해결하기 위한 진정한 공감대가 형성될 수 있다. 한국 사회는 알코올중독이나 일중독에 지나치게 관용적인 문화를 가지고 있다. 이렇듯 중독에 관용적인 문화는 종교 중독이란 심각한 문제를 외면하게 만들었다. 한국교회가 지금 공적 영역에서 해야 하는 일은 사회적 약자나 소수자에 대한 혐오나 차별을 부추기는 것이 아니라 중독을 방관하는 관용적인 문화를 비판하고 이에 저항하는 것이다.

제3부

기독교 근본주의

현재 한국교회가 직면한 위기의 중요한 요인 중 하나는 근본주의적인 대형교회들이 보이는 다양한 종교 병리학적 증상들로 인해 시민 사회 영역의 신뢰를 상실했다는 것이다. 기독교 근본주의의 종교 병리적 문제는 권위주의에 대한 강박적 집착과 연관되어 있다. 왜냐하면 종교심리학적 측면에서 근본주의적 종교 의식을 구성하는 요소 중 하나는 바로 "정통주의 신앙"에 대한 극단적인 욕구인데, 이러한 욕구는 권위주의로 표출되기 때문이다.[1] 권위주의는 기독교 근본주의의 주요한 특징 중 하나이며, 정치적 영역에서 극우 정치 집단과 쉽게 결탁하는 특징을 갖고 있다.[2] 미국의 경우, 기독교 근본주의는 우파 세력의 정치적 기반이다.[3] 20세기에 기독교 근본주의와 파시즘이 결탁하여 형성되었던 기독교 파시즘을 통해 알 수 있듯이 종교적 근본주의(혹은 원리주의)가 군사력을 가진

---

1   메도우·카호, 『종교심리학 하』, 346.
2   닐스 C. 닐슨, 『종교 근본주의, 무엇이 문제인가』(서울: 글로벌콘텐츠, 2012), 18-19.
3   Wilfried Röhrich, *Die Macht der Religionen. Glaubenskonflikte in der Weltpolitik* (München: Verlag C. H. Beck, 2004), 59. 『종교 근본주의와 종교분쟁』(바이북스 역간).

극우 정치 세력과 결탁할 경우 전쟁이나 테러리즘과 같은 극단적인 폭력성을 표출한다.[4] 군사 독재 세력과의 밀접한 상관관계 속에서 성장한 한국교회가 군국주의를 기반으로 하는 극우 정치 세력과 쉽게 결합하는 이유가 바로 여기에 있다.

　코로나19 사태와 지난 21대 총선을 지나면서 한국교회의 병리적 증상은 더욱 심화되었다. 무엇보다 종교 중독 증상을 보이는 기독교 근본주의자들이 극우적 이데올로기를 찬양하며 정치 세력을 형성하고 있다. 그 원인은 크게 두 가지로 정리해볼 수 있다. 첫째, 개발 독재 시절 정치적 영역에서 극우 기독교 세력의 이익을 지켜주었던 자들의 정치적 영향력이 약화되었다. 과거에는 그들의 이익을 대변해줄 군사 독재 세력이 막강한 영향력을 발휘하고 있었기에 기독교 근본주의자들이 구태여 정치 세력을 구성할 필요가 없었다. 하지만 촛불 혁명을 거치면서 극우 세력은 심각한 치명상을 입었다. 이런 상황에서 극우 기독교 세력의 정치화는 한국 사회가 성숙한 민주주의로 나아가는 데 대한 위기의식의 발현이다. 둘째, 코로나19와 같은 팬데믹 현상이 가진 부정적인 영향력이다. 팬데믹이 발생하면 인간의 가장 이기적이고 근원적인 욕망이 사회적으로 가장 약한 고리를 끊고 터져 나온다. 코로나19 사태로 병든 한국교회의 왜곡된 욕망이 절제되지 못한 채 공적 영역에서 표출되고 있는 것이다.

　기독교 근본주의와 파시즘은 공적 영역에서 유사한 의제들(agendas)

4　　Röhrich, *Die Macht der Religionen*, 12.

에 관심을 보인다.[5] 이는 근대성에 대한 거부를 기반으로 하는 강력한 배타주의(Exclusivism)라는 기독교 근본주의의 특징을 파시즘도 공유하고 있기 때문이다.[6] 이러한 특징으로 인해 기독교 근본주의의 가치가 아무런 제한 없이 공적 영역에서 표출될 경우 파시즘과 쉽게 결탁할 수밖에 없다. 그러므로 기독교 파시즘의 문제를 다루기 전에 기독교 근본주의의 특징과 폐해를 먼저 살펴보도록 하자.

5   Davidson Loehr, *America Fascism and God: Sermos from a Heretical Preacher* (White River Junction: Chelsea Green Publishing Company, 2005), 40. 『아메리카, 파시즘 그리고 하느님』(샨티 역간).

6   Kimball, *When Religion Becomes Evil*, 215.

기독교 근본주의의 문제

1. 기독교 근본주의의 특징

개발 독재 시기에 한국교회의 주류로 자리 잡은 기독교 근본주의자들은 자신들의 신앙 체계를 정통주의(orthodoxy)로 규정하고 있지만 사실 근본주의와 전통적인 정통주의(traditional orthodoxies)는 분명하게 다르다.[1] 사전적 의미로 근본주의는 "과거의 사건들, 텍스트들, 권위 있는 인물들에게 호소하고 특정한 집단을 보호하는 다양한 교리, 이야기 또는 법률을 미래에 투영하는 현대 종교 운동"을 의미한다. 또한 그 집단은 "그 운동에 헌신하고 동기를 부여하며 영향력을 행사하도록 돕지만 집단 외부 사람들에게는 다소 공격적인 태도와 행동을 취하는" 경향을 보인다.[2] 따

---

[1]   닐슨, 『종교 근본주의, 무엇이 문제인가』, 14.

[2]   Marin E. Marty, "Fundamentalism," *International Encyclopedia of Political Science*, vol. 3 (Thousand Oaks: SAGE Publications, 2011): 934-939 중 934.

라서 근본주의는 어떤 사상이나 원칙 혹은 이념에 대한 엄격한 복종과 신앙적 고수를 강조하며 "종교적 신앙, 도덕적 이념, 정치적 신념, 이데올로기적 강령의 뿌리를 수호하고 방어하려는 태도"를 포함한다.[3]

기독교 근본주의의 기원은 19세기에 천년왕국설과 함께 부상했던 미국의 보수적인 개신교 운동에서 찾을 수 있다. 이 운동은 성서에 대한 문자적 이해, 임박한 예수의 재림, 동정녀 탄생, 부활, 속죄 등을 강조했으며 노동 불안, 가톨릭 이민자의 증가, 성서비평에 위협을 느낀 보수적인 개신교인들을 중심으로 1880년대에서 1990년대까지 확산되었다. 하지만 미국 내에서 신학적 운동으로서 "근본주의"라는 용어는 1910년에서 1950년 사이 미국 프린스턴 대학교에서 발행된 「근본: 진리를 향한 증언」(The Fundamentals: A Testimony to the Truth)에 의해 정립되었다. 이 잡지에는 당시 과학적 발전, 근대주의와 다원적 문화를 반대하는 짧은 논문과 평론들이 수록되어 있었다. 이후 여기서 "다섯 가지의 기독교 교리들"(성서 무오설, 그리스도의 동정녀 탄생, 속죄, 부활, 기적적인 능력)과 문자주의(Literalism)가 결합하여 미국의 기독교 근본주의가 형성되었다. 20세기 후반에 미국의 기독교 근본주의자들은 복음화를 위한 도구로 텔레비전을 주로 사용했고 정치 영역에서 "기독교 우파"(Christian rights)로서 목소리를 냈다.[4]

---

3   강학순, 『근본주의의 유혹과 야만성: 현대철학에 그 길을 묻다』(서울: 미다스북스, 2015), 37.

4   "Fundamentalism, Christian," *Britannica Concise Encyclopedia*: 721.

1) 기독교 근본주의와 종교 중독

기독교 근본주의와 종교 중독은 권위주의와 배타적인 인식론을 공유한다. 이로 인해 양자 사이에는 아래의 표와 같은 유사성이 나타난다.

종교 중독	기독교 근본주의
강박적 집착으로 인한 극단적 종속성	전근대적 종교 전통에 대한 집착
중독 대상으로서 종교 지도자의 권력 중독	권위에 대한 왜곡된 인식으로 인한 권력 중독
흑백 논리와 극단적 폐쇄성	분리주의적 강박 관념과 진영 논리
반대자 혹은 배교자에 대한 폭력성	반대자 혹은 비판자에 대한 공격성
인지 왜곡과 확증 편향으로 인한 가치 전도 현상	가부장제
	신성화된 자본주의

먼저 양자는 현실 도피 욕구로 인한 집착을 기반으로 한다. 종교 중독이 종교의 제반 요소에 대한 강박적 집착으로 인해 극단적 종속성이 생기는 현상이라면, 기독교 근본주의는 전근대적 종교 전통에 집착하는 현상이다. 둘째, 양자는 권력 중독을 동반한다. 종교 중독은 주물화된 종교 지도자가 중독 대상이 됨으로써 권력 중독 현상이 나타나는 반면에, 기독교 근본주의에서는 왜곡된 권위에 대한 인식, 즉 권위주의를 신학적으로 정당화하는 경향으로 인해 권력 중독이 발생한다. 셋째, 이분법적 흑백 논리는 양자의 공통된 특징이다. 차이가 있다면 종교 중독의 경우, 이분법적 흑백 논리가 맹신으로 이어져 사교 집단이나 기독교 사이비 집단으로 도피하려는 경향이 발생하고 그 집단의 폐쇄성이 강화되는 반면, 기독교 근본주의는 "선"으로 규정된 특정한 이념 체계를 공유하는 진영

으로 도피하려 한다. 넷째, 양자는 극단적인 배타성을 표출한다. 종교 중독자의 폭력성이 반대자 혹은 배교자에게 표출된다면 기독교 근본주의자의 공격성은 비판자 혹은 반대자에게 표출된다. 배교자의 문제가 종교 중독 내에서만 발생하는 것은 특정한 종교 집단과 연관되어 있기 때문이다. 일반적으로 종교 중독의 폭력성이 기독교 근본주의의 공격성에 비해 강도가 크고 심각한 편이다. 다섯째, 인지 왜곡—특히 확증 편향—으로 인한 가치 전도 현상이 양쪽에서 발생한다. 단지 종교 중독의 경우, 남성 중심적 권위주의가 주류적 경향이지만 최근에는 극소수의 여성 중심적 권위주의에서도 심심찮게 발생하고 있다. 종교 중독 증상을 보이는 집단은 일반적으로 가부장적 경향을 띠기는 하지만 극소수의 사교 집단의 경우 여성 숭배의 경향을 띠기도 한다. 이에 반해 기독교 근본주의는 가부장제를 기반으로 한다. 또한 종교 중독으로 인한 자본의 우상화는 종교 중독의 주류적 경향이지만 극소수는 극단적인 성속이원론을 주장하기도 한다. 하지만 기독교 근본주의는 필연적으로 신성화된 자본주의로 이어지며 20세기 말에는 번영신학이라는 명목으로 세련되게 포장되었다.

이러한 유사성으로 인해 기독교 근본주의자들은 쉽게 종교 중독에 빠지고 종교 중독 증상이 심화될수록 근본주의 신학에 대한 맹신도 강해진다. 모든 종교에는 근본주의적 흐름이 존재하지만 근본주의가 항상 주류로 자리 잡았던 것은 아니다. 특정 종교 내에서 근본주의가 맹위를 떨치는 것은 그 종교가 병들었음을 간접적으로 보여주는 증거다. 따라서 기독교 근본주의에 대한 비판은 신학적 방식뿐 아니라 종교 병리학적 방식으로도 이루어져야 한다. 이를 위해 기독교 근본주의의 특징을 보다 자세히 살펴보도록 하자.

2) 전근대적 종교 전통에 대한 집착

일반적으로 보편적 인류애에 대한 가르침 없이는 세계 종교로 발전하기가 어렵다. 하지만 특정한 종교적 진리에 대한 확신을 가진 사람들은 일정 부분 타종교에 대해 배타성을 보인다. 종교가 건강할 경우 보편적 인류애에 대한 가르침이 종교적 배타주의를 제어한다. 하지만 그 반대의 경우, 종교적 배타주의는 공격성이나 폭력성으로 표출된다. 물론 종교적 배타주의는 매우 포괄적인 개념이다. 하지만 배타주의를 떠받치는 중요한 기둥 중 하나가 문자주의라는 것은 부인할 수 없는 사실이다. 문자주의적 성서 이해에 집착하는 이들은 성서에 대한 자신들의 편협한 해석이 성서가 가르치고 있는 현실을 있는 그대로 표현하는 것이라고 주장한다. "신학적으로 이처럼 분명하게 선을 그어버린 사람들에게서 종교적 다양성에 의해 제기되는 복잡한 이슈들과 함께 고심하는 자세를 발견하기란 심히 어렵다."[5] 기독교 근본주의의 신학적 기반이 되는 성서 문자주의는 계몽주의 이후의 근대화와 세속화를 거부하고 전근대적인 종교 전통에 집착함으로써 발생한 것이다. 전통에 대한 집착은 결국 기독교의 모든 가르침을 개인적이고 내세적인 구원으로 전환하려는 구원론적 환원주의로 나아간다. 1920년대 미국의 기독교 근본주의자들에게

---

5   Kimball, *When Religion Becomes Evil*, 216.

서 이러한 경향은 분명하게 드러난다.

미국의 근본주의 신학자 존 그레셤 메이첸(John Gresham Machen, 1881-1937)은 근대 이후의 신학적 발전을 "현대의 비구속적 종교"로의 전환이라고 비판한 후 이를 "현대주의"(modernism) 혹은 "자유주의"(liberalism)라고 규정했다. 메이첸에 따르면, 기독교는 "위대한 구속의 종교"다.[6] 이러한 인식 체계는 구원에 대한 담론만이 기독교적 가르침이며 기독교의 다른 가르침들에 대한 현대적 담론은 구속의 교리를 약화시키고 세속화를 촉진하는 반기독교적 경향일 뿐이다. 리처드 니버(H. Richard Niebuhr, 1894-1962)는 미국 내 이러한 신학적 흐름을 "강경한 근본주의"(strength Fundamentalism)라고 표현했다.[7] 강경한 근본주의를 신봉하는 이들은 구원론에 대한 강조가 신학적 관심에서 비롯된 것이라 주장하지만 사실 강경한 근본주의는 미국 내 농촌 문화와 도시 문화 사이의 갈등이라는 문화적 요인에 의해 형성되었다. 세계대전 이후 농업적 가치가 침체하면서 농업에 의존했던 그리스도인들이 산업화와 도시화로 인해 미국 사회의 세속화를 비기독교적인 것으로 규정하면서 강경한 근본주의가 부상했다. 강경한 근본주의는 미국의 도시 지역과 산업화 지역에서는 거의 지지를 받지 못한 반면, 많은 농촌 지역의 주들에서 적극적으로 수용되었다.

---

6 John Gresham Machen, *Christianity and Liberalism* (Charleston SC: BiblioLife, 2009), 2. 『기독교와 자유주의』(복있는사람 역간).

7 H. Richard Niebuhr, "Fundamentalism," *Encyclopedia of Social Sciences*, vol VI (New York: Macmillan Publishers, 1937): 527.

강경한 근본주의자들은 근대 시민 사회의 등장 이전에 형성된 전근대적인 기독교 전통을 신앙의 뿌리로 여기며 집착했다. 그들은 표면적으로는 종교개혁의 정신을 강조했지만 인식론적인 측면에서 중세적 세계관의 영향을 받았다. 왜냐하면 그들이 돌아가고 싶어 했던 "그들 자신의 특별한 형태의 경건성과 신앙이 지배적이었던 황금기"는 세속화 이전, 즉 산업화와 도시화가 본격적으로 진행되었던 근대 시민 사회 이전이었기 때문이다.[8] 미국의 강경한 근본주의는 한국전쟁 이후 한국교회에 막대한 영향을 끼쳤다. 특히 강경한 근본주의는 한국 기독교 근본주의자들이 엄격한 정교분리와 극단적인 성속이원론을 맹목적으로 수용하도록 자극했다. 한국의 근본주의적인 교회들이 미국의 강경한 근본주의를 추종하는 교회들과 유사한 폐해를 보이는 이유가 바로 여기에 있다.

3) 권위에 대한 왜곡된 인식

권위주의는 기독교 근본주의의 주요한 특징이다. 권위주의는 권위에 대한 인식을 왜곡시킨다. 물론 성서는 권위를 전면적으로 부정하지 않는다. 하지만 성서가 말하는 권위는 단순히 "지배 서열"을 바꾸는 것이 아니다. 다시 말해 그것은 누군가를 조종하고 통제하기 위한 권위, 즉 사회적 지위가 아니라 주어진 사명을 감당하기 위한 "기능의 권위"를 말한다.[9] 따라서 진정한 권위는 위계적 질서 속에서 강요되는 지도자에 대한

---

8   닐슨, 『종교 근본주의, 무엇이 문제인가』, 19.
9   Foster, *Celebration of Discipline*, 127.

일방적 복종을 위해서가 아니라 자기부인을 기반으로 한 상호 섬김을 위해 필요하다. 그리스도인들이 복종해야 할 교회의 권위는 바로 이것이다(고전 16:16; 히 13:17).

그러므로 기독교 공동체 내에서 종교적 권위를 특정 지도자가 독점해서는 안 되며 절대적이지도 않다. 성서는 교회 지도자란 "본"을 보임으로써 다른 사람들을 섬기고 그들에게 유익을 주기 위해 은사를 활용해야 할 책임을 넘겨받은 사람이라고 묘사하고 있다. 따라서 교회 지도자는 자기를 신뢰하는 사람들을 "주장하는 자세"로 조종해서는 안 된다고 가르친다(벧전 5:3). 자신의 심리적·정서적 만족감이나 기분 전환 체험을 위해서 권위를 남용하고 재정적·성적 착취를 정당화하는 것은 권위주의에 의한 범죄일 뿐이다. 그러므로 그리스도인은 담임 목사와 같은 교회 지도자에게 자신의 삶을 전적으로 의존하려 해서는 안 된다. 건강한 그리스도인이라면 교회 지도자의 권위가 성서의 가르침에 적합한지 분별할 줄 알아야 한다. 베드로전서 5:8에서 말하는 "스스로 깨어" 있기 위한 노력은 단순히 신앙적 차원뿐 아니라 미시 권력적 관계 속에서도 계속되어야 한다.

2016년 촛불 혁명 이후 한국 사회에서 권위주의는 급격하게 약화되고 있지만 한국교회는 여전히 권위주의로부터 자유롭지 않다. 현재 한국교회 내에서 발생하는 다양한 병리적 현상들―교회의 사유화와 세습, 성인지 감수성 혹은 젠더 감수성(Gender sensitization)의 현저한 저하, 수직적 위계 구조, 성도에 대한 착취와 학대 등―은 권위에 대한 왜곡된 인식과 연관되어 있다. 따라서 한국교회 내 현실적 문제들을 해결하기 위한 노력과 함께 권위주의를 해체하기 위한 노력이 필요하다.

4) 분리주의적 강박 관념과 진영 논리

전근대적 종교 전통에 대한 집착은 세속화된 세상(혹은 문화)에 대한 분리주의적 강박 관념을 자극한다. 미국의 강경한 근본주의는 근대 사회의 등장으로 인한 급격한 변화에 대한 충격으로부터 전근대적인 기독교 문화를 지키려 했던 보수적인 그리스도인들의 저항으로 인해 발생했기에 계몽주의 이후의 근대화와 세속화를 거부한다. 이들은 세속화로 인해 타락한 세상을 구원하기보다는 "세상의 영향으로부터 자신들을 보호해야 한다는 분리주의적 강박 관념"을 중심으로 정체성을 확립했다.[10] 분리주의적 강박 관념은 미국 내 초기 기독교 근본주의 운동의 "종교적 게토화"(religious ghettoization)를 촉진했다. 이러한 퇴행적 의식은 결국 "세상의 소금과 빛"(마 5:13-16)으로 살아야 하는 그리스도인의 정체성을 훼손했다.

교회의 게토화는 문자주의에 대한 집착에서 출발한다. 미국 내 문자주의의 문제는 이미 1925년 "스코프스 재판"(Scopes Trial)에서 잘 드러났다.[11] 공립 학교에서 진화론을 가르쳤다는 이유로 기소되어 재판을 받았던 존 스코프스(John T. Scopes)는 비록 패소했지만 결과적으로 기독교 근본주의자들의 "창조론"(creationism)이 미국 사회에서 영향

---

10   배덕만, 『한국개신교근본주의』(논산: 대장간, 2010), 18, 25.

11   Ronald L. Numbers, *The Creationists: The Evolution of Scientific Creationism* (Berkeley: University of California, 1993), 44. 『창조론자들』(새물결플러스 역간).

력을 상실하는 계기가 되었다. 이러한 변화는 현대 사회에 대한 기독교 근본주의자들의 부정적 인식과 분리주의적 강박 관념을 더욱 강화했다. 미국의 기독교 근본주의자들을 1930년대 이전에는 "비순응주의자"(Nonconformist)로, 1930년 이후에는 "분리주의자"라고 부르게 된 이유도 스코프스 재판 이후 분리주의적 강박 관념이 근본주의 운동의 특성을 잘 보여주기 때문이다.[12]

분리주의적 강박 관념으로 인해 교회의 게토화가 가속화되는 현상은 기독교 근본주의 운동 초기에 주로 나타나는 현상이다. 근본주의는 초기에는 근대 시민 사회에서 정치권력이나 사회적 헤게모니와 멀리 떨어져 있었다. 근본주의적 가치를 받아들이지 못하는 이들을 배척함으로써 자신들만의 가치를 지키고 보존하려는 의식이 강했기에 강한 폐쇄성을 보였던 것이다. 이 시기의 기독교 근본주의는 성과 속을 엄격하게 분리하는 이원론적 세계관과 사회적 책임 의식이나 윤리 의식의 약화, 영적 가치에 대한 집착 등의 특징을 보였다.

5) 반대자 혹은 비판자에 대한 공격성

전근대적 종교 전통에 대한 집착은 외적으로 비판자 혹은 반대자에 대한 공격성을 표출한다. 기독교 근본주의자들은 전근대적인 종교적 전통에 기반해 교회나 종교적 영역뿐 아니라 현실 사회 혹은 현실 정치를 평가하려는 "종교적 도덕주의"(religious moralism)를 맹신한다. 종교적 도덕

---

12 강학순, 『근본주의의 유혹과 야만성』, 41.

주의는 이에 동의하지 않는 사람들을 "죄인"으로 규정하고 공격성을 표출하는 데 주저함이 없다. 19세기 중반부터 불어닥친 미국 사회의 근대화와 세속화의 바람은 그리스도인들의 마음에 미래에 대한 비관적 관념을 확산시켰고 그들은 자신들의 전통적 신앙을 보수해야 한다는 "전투적 강박 관념"에 사로잡혔다.[13] 이러한 강박 관념이 초기에는 기독교 근본주의 교회의 게토화를 부추겼다. 하지만 이후 미국 내 발전 과정을 살펴보면 사회 병리적 현상이 심화되고 사회가 불안해지면서 사회가 전반적으로 보수화되면 기독교 근본주의는 주류적 세력으로 부상했다. 특히 우파나 극우 세력이 기독교 근본주의와 결탁할 경우, 종교적 도덕주의는 정치적 도덕주의(political moralism)와 밀접한 상호작용을 통해 폭력적인 공격성을 표출했다.

기독교 근본주의자들은 근대성의 위협으로부터 자신을 피해자로 인식하기 때문에 정치적 영역에서도 근본주의적 가치에 기반한 종교적 도덕주의를 수용하지 않는 이들을 "적대적 타자"로 규정한다.[14] 적대적 타자에 대한 공격성은 언제나 성서 문자주의에 의해 정당화되었다. 사회적 주류가 된 기독교 근본주의자들은 차별과 억압의 기제를 통해 사회적·종교적 다양성의 문제를 해결하려 한다. 더구나 우파적 정치 세력과 결탁하여 권력을 획득할 경우, 적대적 타자로서 반대자나 비판자에 대한 물리적 폭력은 공권력의 이름으로 정당화된다.

---

13   배덕만, 『한국개신교근본주의』, 20.
14   강학순, 『근본주의의 유혹과 야만성』, 35.

초기 기독교 근본주의의 분리주의는 외부의 타자를 배척하는 방식으로 작동하지만 권력이나 헤게모니를 획득한 기독교 근본주의는 전근대적인 종교적 전통들을 비그리스도인들에게도 강요한다. 미국의 경우, 기독교 근본주의와 극우 정치 세력이 결탁한 기독교 우파는 근대 사회의 질서를 거부하고 전통적인 미국적 신앙 양식을 강조했으며 세속화의 흐름에 대항하여 순수한 개신교의 가치를 지키려 했다. 이러한 욕망을 가진 기독교 근본주의자들은 초기에는 분리주의를 통해 자신들의 가치를 공고하게 했지만 사회 병리적 현상과 함께 보수화되면 전근대적 종교 전통에 적합하게 사회적 현실을 강압적으로 바꾸려고 시도했다. 자신들의 신념 체계를 절대적 진리 혹은 절대 선이라고 가르치는 기독교 근본주의 신학은 필연적으로 반대자나 비판자에 대한 공격성으로 표출될 수밖에 없다.

우리나라의 경우, 군사 독재 초기에 기독교 근본주의자들은 성속이원론에 기반하여 정치와 종교의 엄격한 분리를 주장했었다. 하지만 실질적으로는 군사 독재에 협력함으로써 사회적 헤게모니에 다가갈 수 있는 계기를 마련했다. 이후 군사 독재가 길어지자 사회 병리적 현상이 나타나면서 한국 사회가 폐쇄적으로 변했고 기독교 근본주의는 사회적 주류 세력으로 자리 잡았다. 기독교 근본주의자들은 군사 독재 세력과 결탁했고 개발 독재 이데올로기를 종교적으로 정당화했다. 그들은 군사 독재 세력에 대한 비판을 비기독교적인 것으로 낙인찍었고 권위주의적 가치를 기독교적인 것으로 둔갑시켰다. 민주적 가치를 지키기 위해 헌신했던 이들에 대한 극단적인 거부감을 종교적으로 정당화하고 군사 독재 세력에 저항하는 이들에 대한 혐오와 배제를 미화한 결과, 기독교 근본주의 교회들은 군사 독재의 지원으로 양적으로 성장했을 뿐 아니라 사회적·정치적 영향력을 획득했다.

6) 가부장제

기독교 근본주의는 전근대적 가부장제(patriarchy)를 기반으로 한다. 기독교 근본주의는 종교 중독과 유사한 인지 왜곡과 가치 전도 현상을 가져온다. 그러므로 기독교 근본주의의 가부장제에 대한 집착은 권위주의와 차별 의식이 만들어낸 왜곡의 결과물이다. 기독교 근본주의의 가부장적 특징은 남성의 권위를 절대화하고 여성차별을 정당화한다.[15] 물론 혹자는 가부장제가 기독교 근본주의의 문제라기보다는 기독교의 정체성 중 하나라고 주장하기도 한다. 초기 기독교 공동체가 고대의 강력한 가부장제로부터 자유롭지 못했다는 것은 부인할 수 없다. 하지만 초기 기독교 공동체가 황제 숭배와 노예 제도를 기반으로 하는 로마 제국을 인정했다고 해서 21세기에 왕정과 노예 제도를 하나님의 뜻이라고 말하는 이는 없다. 오늘날에도 왕정과 노예 제도를 로마 제국과 동일하게 인정해야 한다고 말하는 사람은 독재자를 숭배하거나 백인 우월주의에 빠져 있는, 병리적 사유를 하는 사람이다. 마찬가지로 고대 문화의 한계로 인해 형성된 가부장제를 오늘날과 같은 성(性)평등의 시대에 아무런 해석의 과정도 없이 그대로 받아들인다면 그것은 종교 병리적 문제일 뿐이

---

15   Loehr, *America Fascism and God*, 39.

다. 하지만 기독교 근본주의자들은 성서 문자주의를 내세우면서 초기 기독교 공동체의 문화적 한계를 인정하지 않고 가부장제를 절대화하며 여성에 대한 차별을 정당화한다.

가부장제에 대한 집착은 성서의 가르침에 충실한 것이 아니라 기독교적 가치의 전도 현상이 발생한 것이다. 다시 말해 그것은 종교 병리적 현상이다. 가부장제는 여성을 "약한 성별"로서 과소평가하므로 "여성적" 특성들에 대해 필연적으로 저평가하고 여성이 남성과 같이 공동체적 삶에 온전히 참여하는 것을 부정하거나 배제한다. 왜냐하면 가부장제는 단순한 가족 체계가 아니라 권력을 위한 투쟁과 관련되어 있기 때문이다. 가부장제의 부상과 함께 이전의 모계 중심적 문화들은 쉽게 "선-사적"(先-史的, prä-historisch)이라고 불리게 되었다.[16] 이것은 역사에 대한 공정한 평가라고 볼 수 없다. 지난 2000년 동안 기독교 공동체 내에서 성평등 의식은 지속적으로 발전해왔다.

사실 하나님은 남성이나 여성으로 고착화되지 않는다. 구약성서는 하나님을 남성적 특성들뿐 아니라 여성적 특성들을 통해서도 묘사하고 있다. 하지만 기독교 근본주의자들은 근대 사회의 등장 이후에도 십계명을 비롯하여 구약의 일부 기록들을 통해 여성이 남성의 소유물이 되어야 하는 것처럼 가르치고 있다. 그들은 남성과 여성의 동일한 가치를 주장하는 창세기의 기록보다는 여성이 두 번째로 창조되었고 먼저 죄를

---

16 Jürgen Moltmann, "Der Befreiung der Unterdrücker," *Ev. Th.* 38(1978): 527-538 중 529-530.

지었다는 부분에만 집중한다. 특히 창세기 3:16의 기록은 여성이 형벌로서 "고통 가운데 아이를 낳아야 하고", "남편에 대한 갈망을 가져야 하며" 남성에 의해 지배되어야 한다고 주장한다.

7) 신성화된 자본주의

기독교 근본주의는 세속적인 경제 체제인 자본주의를 종교적으로 정당화한다. 이러한 가치 전도 현상은 경제적 풍요에 대한 욕망으로 인해 자본을 주물화하는 종교 중독의 특징과 유사하다. 이러한 기독교 근본주의의 가치 전도 현상을 "신성화된 자본주의"(sanctified capitalism)라고 부른다. 기독교 근본주의는 근대적인 경제 체제로서 자본주의를 거의 종교적 가르침과 같이 신성한 것으로 받아들인다. 다시 말해 경제 체제가 종교적 가치를 평가하는 기준으로 받아들여졌다. 신성화된 자본주의 속에서 자본의 이익은 인간의 가치보다 우선하며 모든 사회적 가치는 종교적 권위에 의해 자본의 가치로 획일화된다. 더구나 신성화된 자본주의의 추종자들은 현실 자본주의 체제를 비판하는 이들을 향해 공격성을 표출한다. 이는 디모데전서 6:10에서 언급하고 있는 악의 근원으로서 돈에 대한 비판과 연결된다.

한국교회는 신성화된 자본주의에 익숙하다. 왜냐하면 1970년대와 80년대 한국교회의 성장은 개발 독재 이데올로기와 번영신학이 결합한 신성화된 자본주의를 적극적으로 수용한 결과이기 때문이다. 한국의 군사 독재 세력은 경제 성장을 위해서는 정치적 안정이 불가결하다는 이유로 시민들의 정치 참여를 크게 제한했다. 개발 이데올로기는 "경제 성장"이라는 환상을 통해 시민들을 통제하며 독재를 정당화했다. 모든 사회적 가치는 개발과 자본의 논리에 적합하게 획일화되었고 이를 수용하지 못하는 이들은 극심한 차별과 배제를 경험해야 했다. 권위주의적 사회는 경제적 영역에서의 풍요를 제외한 모든 사회적 욕구(표현의 자유, 집회와 결사의 자유 등)를 금지 대상으로 전락시킴으로써 경제적 성공에 대한 강력한 집착은 강화되었다. 하지만 성공에 대한 사회적 강박은 경쟁을 격화시켰고 개발 독재의 기간이 길어질수록 집단 외상이 한국 사회 전반에 걸쳐 심화되었다. 더구나 "성공한 소수"의 우월감과 "실패한 다수"의 열등감은 한국 사회 구성원들이 건강한 사회적 정체성을 형성하는 데 악영향을 끼쳤다.

사회적 외상과 현실 도피 욕구로 인해 변질된 욕망은 권위주의적인 사회 체제가 강화될수록 현실을 왜곡해서 바라볼 수 있게 하는 망상과 허상을 필요로 했다. 이에 한국의 기독교 근본주의자들은 미국의 번영신학과 한국의 개발 독재 이데올로기를 결합시켜 한국적인 번영신학을 만들어냈다. 번영신학을 받아들인 한국교회는 자본주의를 신성한 체계로 변질시켰고 사회적 성공과 물질적 풍요를 하나님의 축복으로 가르쳤다. 현실 도피 욕구와 현실의 의도적인 왜곡을 필요로 했던 사람들은 한국식 번영신학에 열광했고 한국교회는 앞다투어 이런 흐름을 좇아갔다. 신성화된 자본주의와 이를 정당화하는 번영신학은 일종의 우상숭배와 그 우상숭배를 부추기는 이데올로기일 뿐이다. 그럼에도 한국의 근본주의적 교회의 지도자들은 이를 "기독교적인 것"으로 둔갑시켰다.

2. 기독교 근본주의의 폐해

1) 종교 중독과 기독교 근본주의의 공통된 폐해

기독교 근본주의는 종교 중독의 폐해와 유사한 폐해를 보인다. 첫 번째로, 종교 중독과 기독교 근본주의는 권위주의와 차별 기제를 공유하고 있기 때문이다. 두 번째로, 기독교 근본주의자들은 자신들의 배타성을 성서 문자주의로 정당화하는 방식을 심리적 방어 기제로 사용하기 때문이다. 이러한 방어 기제는 기독교 근본주의자들이 변화하는 사회적 현실을 쉽게 받아들이지 못하게끔 방해한다. 다시 말해 기독교 근본주의자들은 근대성을 위협으로 간주하기에 급격한 사회적 변화에서 심리적 공황 상태를 자주 경험한다.[17] 그들은 이를 극복하기 위해 건강하지 못한 방어 기제를 지속적으로 사용하는데 이것은 그들을 병들게 하고 종교 중독에 빠지게 한다. 종교 중독의 폐해가 기독교 근본주의자들에게서 종종 동일하게 발생하는 이유가 바로 여기에 있다.

따라서 기독교 근본주의는 "교회의 사유화", "교회 지도자 숭배", "추종자에 대한 학대", "반대자에 대한 공격성"이라는 종교 중독의 폐해를 공유한다. 단지 종교 중독의 폭력성과 기독교 근본주의의 공격성은 표출 강도의 차이일 뿐 극단적인 배타성의 표출이라는 내적 기제라는 점에서는 동일하다. 그러므로 종교 중독의 폐해는 기독교 근본주의자들

---

17 지오반나 보라도리, 『테러 시대의 철학: 하버마스, 데리다와의 대화』(서울: 문학과지성사, 2004), 51.

의 교회나 집단에서 언제라도 발생할 수 있다. 더구나 기독교 근본주의 세력은 사교 집단이나 기독교 사이비 집단보다 훨씬 더 큰 사회적·정치적 영향력을 행사할 수 있기 때문에 그 부작용이 더욱 심각할 수 있다. 이외에도 기독교 근본주의는 사회적 영역에서 "여성차별주의", "신성화된 자본주의", "편집증적 반공주의"의 폐해를 나타낸다.

2) 여성차별주의

기독교 근본주의자들은 가부장제를 옹호하기 때문에 여성차별주의를 정당화한다. 사실 가부장제의 최대 피해자는 여성일 수밖에 없다. 가부장제는 여성에게 사회적 권위를 주는 것을 비도덕적이라고 가르친다. 따라서 가부장제는 남성에게 강력한 사회적 권위를 부여하며 여성을 일방적으로 남성에게 종속시킨다. 가부장제가 지배하는 사회에서 여성은 독립적인 인격적 존재로 인정받지 못하고 결혼이라는 과정을 통해 남성적 권위에 의존해서 그 존재 가치를 인정받는다. 가부장제가 지배하는 사회에서 여성의 권리 주장이 반사회적으로 받아들여진다는 점에서 가부장제 그 자체는 여성에게 폭력적인 제도일 수밖에 없다. 가부장제로 인한 사회 병리적 현상이 심화될수록 여성차별도 심해지는 경향을 보인다는 사실은 여성차별이 단순히 개인적 성향의 문제가 아니라 사회적 기제의 문제라는 것을 명확하게 보여준다. 기독교 근본주의자들의 여성 차별 의식이 단순히 개인의 인격적 성숙도의 문제가 아니라 사회 제도나 관습 등의 구조적 문제인 이유가 바로 여기에 있다.

물론 기독교 근본주의자들의 여성 차별이 가장 잘 드러나는 곳은 교회와 같은 종교적 영역이다. 기독교 근본주의자들은 가부장제를 종교적으로 정당화하므로 여성차별에 대한 도덕적 거부감을 무력화시키려 한다. 그들은 가부장적 인식론에 근거하여 남성은 언제나 여성 위에 있다고 가르치며 남성의 신체적 우위에 기대어 이 땅의 경계와 규범을 남성 중심적으로 정의하고 시행하려 한다. 이는 단순히 물질적 가치에만 적용되는 것이 아니라 남성이 여성을 규정하는 방식을 고착화하는 것이다. 가부장제적 사유는 여성의 사회적 역할을 "아내", "어머니" 혹은 "주부"와 같이 가족 안에서 할 수 있는 일로 제한한다. 또한 기독교 근본주의자들은 교회에서 여성의 역할을 남성 목회자를 돕는 조력자의 역할로 제한하며 지도적인 역할을 부정하고 자신들의 편협한 가치관을 성서의 가르침으로 포장한다. 이분법적 흑백 논리에 기반한 인식론 속에서 남성과 여성의 역할은 획일화되는데, 이러한 왜곡된 가치는 공적 영역에서도 그대로 적용된다. 여성의 주도적 역할을 부정하고 여성의 역할을 "남성을 지원하는 일"로 제한한다. 여성이 이를 거부하거나 그 역할에서 벗어나는 경우에는 신랄한 도덕적·윤리적 비난이 가해진다.[18]

기독교 근본주의의 성서에 대한 파편적인 이해들은 남자가 하나님과 세상 앞에서 여성을 지배하고 지도하도록 결정되었다는 가부장적 이데올로기를 강화시켰다. 하지만 오늘날 창세기 1:28의 "땅을 정복하라"는 말씀을 자연에 대한 착취와 다른 문화에 대한 억압을 정당화하는 가르침으로 오해했던 제국주의 시대의 성서 해석은 심각한 비판에 직

---

18   Loehr, *America Fascism and God*, 39-40.

면해 있다. 따라서 기독교 근본주의의 성서 문자주의는 21세기 한국교회 내 성평등 의식과 성인지 감수성의 발전을 가로막는 가장 큰 걸림돌이다. 기독교 근본주의의 폐해를 극복하기 위해서는 성평등을 부정하고 여성차별을 정당화하는 가부장적 성서해석 체계를 근본적으로 해체해야 한다.

3) 번영신학

과거 기독교 근본주의의 가치 전도 현상은 번영신학(Prosperity Theology)의 범람으로 나타났다. 기독교 근본주의는 자본주의와 쉽게 결탁했다. 이러한 현상에 대해서는 다양한 분석이 가능할 것이다. 발터 벤야민(Walter Benjamin, 1892-1940)과 같이 자본주의를 하나의 종교로서 파악할 수 있다. 이러한 관점에서 종교개혁 시대의 기독교는 근대를 거치면서 자본주의로 변형된 것이다.[19] 초기 개신교 전통과 근대 자본주의 사이의 상관관계는 베버의 저서 『프로테스탄트 윤리와 자본주의 정신』(*Die protestantische Ethik und der Geist des Kapitalismus*, 1905)에서도 발견된다. 물론 칼뱅주의의 경제 윤리를 표현하기 위해서 사용한 "세계 내적 금욕주의"(innerweltliche Askese)는 많은 오해와 논란의 소지가 있다.[20] 하지만 수많은 오해와 논란에도 불구하고 칼뱅주의 경제 윤리가 근대 자본주의의

---

19   Walter Benjamin, "Kapitalismus als Religion," in *Gesammelte Schriften*, vol. IV (Frankfurt a. M.: Suhrkamp Verlag, 1985): 100-103 중 100, 102.

20   Max Weber, *Gesammetle Aufsätze zur Religionssoziologie*, vol 1, 9th ed. (Tübingen: J. C. B. Mohr [Paul Siebeck], 1988), 115-117. 『프로테스탄트 윤리와 자본주의 정신』(문예출판사 역간).

발전에 영향을 끼쳤음을 부인할 수는 없다. 특히 미국의 경우, 기독교 근본주의와 자본주의가 더욱 밀접하게 연관되어 있다.[21] 이러한 관점에서 미국의 번영신학은 초기 청교도적 전통에 영향을 받은 것으로 보기보다는 "아메리칸 드림"(american dream)을 기독교적으로 변형시킨 것이거나 정당화시킨 것으로 보는 것이 적절하다.

그렇다면 20세기 신성화된 자본주의와 번영신학의 책임을 16세기 칼뱅의 신학에서 묻는 것은 올바른가? 이 질문은 많은 주의를 필요로 한다. 왜냐하면 미국식의 자본의 신격화와 번영신학은 칼뱅주의나 초기 개신교의 전통이라기보다는 미국적 성공주의에 의해 왜곡된 가치 체계이기 때문이다. 근대 자본주의의 기초를 놓았던 이들은 이성과 합리성을 기반으로 한 이상적인 경제 활동을 꿈꾸었다.[22] 하지만 베버의 분석대로 자본주의가 종교적 노동 윤리를 더 이상 필요로 하지 않게 된 후 물물 교환을 위한 경제 체제로서 자본주의는 자본의 축적 자체가 삶의 목적이 되어버린 현대적 주물(물신)숭배로 변질되었다. 번영신학은 자본에 대한 주물숭배의 영향으로 형성된 것이다. 보다 정확하게 말하면 자본의 주물화를 신학적 논리로 정당화한 것이 바로 번영신학이다. 따라서 번영

21　William E. Connolly, *Capitalism and Christianity, American Style* (Durham & London: Duke University Press, 2008), 39-40.

22　물론 근대 자본 사회의 기반을 놓은 Adam Smith는 연민(pity)과 동정심(compassion) 같은 공감(sympathy)을 사회적 기반이라 생각했다. Smith에 따르면, 공감의 결여는 사회적 영역에서 혐오(disgust)와 분노(provoke)를 불러일으킨다. Adam Smith, *The Theory of Moral Sentiments, The Glasgow Edition of The Works and Correspondence of Adam Smith*, vol. 1, ed. D. D. Raphael and A. L. Macfie (Indianapolis: Liberty Fund, 1984), 10-11. 『도덕감정론』(비봉출판사 역간).

신학의 문제를 다룰 때는 미국의 청교도 전통이 경건과 검소를 강조했다는 측면보다는 이후의 발전 과정에서 성공 사회와 정치적 팽창주의의 가치를 정당화하는 방향으로 변질되었다는 점에 집중해야 한다. 오늘날 한국교회에서 범람하고 있는 번영신학은 냉전 시대 미국식 번영신학에 한국의 개발 독재 이데올로기가 결합하여 형성된 것이다.

4) 편집증적 반공주의

자본주의 사회에서 기독교 근본주의는 번영신학과 신성화된 자본주의를 맹신함으로써 가치를 왜곡시킨다. 기독교 근본주의자들이 "편집증적 반공주의"(Paranoid Anti-Communism)에 광적으로 집착하는 이유도 번영신학과 신성화된 자본주의의 부정적인 영향력 때문이다. 편집증적 반공주의란 공산주의에 대한 극단적인 두려움으로 인해 현실 자본주의에 대한 비판적 표현만으로 근거도 없이 특정한 개인이나 집단을 공산주의자 혹은 공산주의 추종 집단으로 몰아가는 사회 병리적 현상을 지칭한다. 1940년대 후반 자행된 서북청년단의 만행은 기독교 근본주의와 편집증적 반공주의가 결탁할 때 나타나는 극단적인 폭력성과 사회적 부작용을 잘 보여준다. 서북청년단의 만행은 북한의 공산주의 정권에 의해 집단 외상을 입은 이들이 제대로 치유받지 못한 채 극우 정치 세력의 편집증적 반공주의에 동의함으로써 발생한 역사적 비극이다. 또한 과거 한국 사회에서 군사 독재에 협력했던 그리스도인들이 민주화 운동에 참여했던 이들을 향해 "빨갱이"라는 낙인을 찍어 배척했던 잘못도 전형적인 편집증적 반공주의의 부작용이었다.

해방 공간에서 심화되었던 좌우의 이념적 갈등은 남한 사회에 편집증적 반공주의가 형성되기 좋은 토양을 만들었고 한국전쟁은 이를 심화시켰다. 한국의 근대사에서 편집증적 반공주의는 수없이 많은 사회적·정치적 문제를 양산했다. 특히 군사 쿠데타로 집권한 박정희 정권은 정치적 저항이 고조될 때마다 간첩 사건을 조작하여 대중 매체를 통해 대대적으로 선전했다. 이는 남한 사회의 구성원들에게 저항 세력의 배후에 좌익 용공 분자들이 있다는 허상을 심어주었다.[23] 물론 편집증적 반공주의가 한국 사회만의 문제는 아니었다. 1950-1954년에 미국 전역을 휩쓴 조지프 매카시(Joseph R. McCarthy, 1908-1957) 상원의원이 공산주의자를 색출한 열풍, 즉 매카시즘(McCarthyism)은 미국 사회의 편집증적 반공주의가 가진 문제점을 가감 없이 보여주었다. 매카시즘이라는 용어는 오늘날에도 "불공정한 혐의, 공포 전략, 풍자 및 협회(나 조직)에 의한 선정적인 위협에 근거하여 비난하는 조직적인 운동"을 지시하는 사회적 용어로 사용될 정도로 미국사회에 큰 충격을 남겼다.[24] 매카시즘과 편집증적 반공주의는 현대적으로 변형된 마녀사냥과 그 이데올로기였다.

비교적 정치 이데올로기의 부정적인 영향에서 자유로웠던 한국교회가 한국전쟁 이후 적극적으로 번영신학과 신성화된 자본주의를 수용했던 이유도 결국에는 북한의 공산주의 체제에 대한 과도한 두려움 때

---

23 조희연, 『박정희와 개발 독재시대: 5·16에서 10·26까지』(서울: 역사비평사, 2014), 70.

24 David H. Price, "McCarthyism," *International Encyclopedia of the Social Sciences*, vol. 5, 2nd ed. (Detroit: Macmillan Reference USA, 2008), 43-44 중 43.

문이었다. 기독교 근본주의자들에게 남한의 자본주의 체제는 하나님을 믿는 남한 사람들에게 주어진 축복의 결과였다. 따라서 북한의 공산주의 체제는 이를 무너뜨리는 악한 사탄의 체제로 인식되었다. 한반도 분단과 한국전쟁은 이처럼 기독교 근본주의자들의 가치 전도 현상을 가속화했다. 기독교 근본주의자들은 개발 독재 세력에 의해 강요된 편집증적 반공주의를 번영신학을 통해 아무런 거부감 없이 받아들였다. 그들에게 신성화된 자본주의와 편집증적 반공주의는 동전의 양면으로서 "하나님의 뜻"으로 받아들여졌다.

3. 21세기 기독교 근본주의, 이대로 괜찮은가?

기독교 근본주의는 근대성을 거부하는 왜곡된 심리가 양산한 종교 병리적 현상이다. 기독교 근본주의자들에게 이성과 합리성은 기독교 신앙과 대립하고 세속화는 기독교적 가치를 무너뜨리려는 사악한 계략일 뿐이다. 이러한 왜곡된 인식은 권위주의와 차별 기제를 강화하고 기독교 근본주의자들의 종교적 배타성을 강화하며 전근대적인 전통에 대한 집착을 자극한다. 한편으로 기독교 근본주의자들에게서 이 집착은 내적으로 분리주의적 강박 관념으로 나타나고 다른 한편으로는 비판자(혹은 반대자)에 대한 공격성으로 표출되었다. 따라서 기독교 근본주의자들은 사회가 개방성과 다양성을 유지하며 건강할 때에는 폐쇄적 공동체 내 종교 운동으로 머물거나 수면 아래에 머무르지만 사회 병리적 현상이 심해지면서 불안이 가중할 때에는 정치적 권력이나 사회적 헤게모니를 쥐게 된다. 특별히 기독교 근본주의의 공격성이 군사력을 가진 극우적인 정치 세력과 결탁할 경우 파시스트 운동으로 변질된다.

지금 한국교회가 기독교 근본주의의 문제를 비판적으로 접근해야 하는 이유가 바로 여기에 있다. 극우적인 정치 세력과 결탁하여 정치세력화를 추구하는 기독교 근본주의의 권위주의와 차별 기제는 속히 해체되어야 한다. 하지만 안타깝게도 오늘날 한국교회는 이러한 문제의식 없이 "힐링"(healing)과 치유라는 명목으로 성도들의 개인적인 심리적 욕구에만 집중하고 있다. 심리적 안정감과 개인 윤리에만 집중하는 교회는 양적 성장을 위해 젠더 차별과 세습, 교회의 사유화와 같은 본질적 문제를 외면한다. 한국교회의 몰락은 그리스도인 개인의 윤리 문제이기보다는 기독교 근본주의의 폐해와 윤리적 부패의 문제다. 특히 번영신학을 통해 자본주의를 신성화하고 현실적 자본주의를 비판하는 이들을 향해 폭력적인 공격성을 가감 없이 표출하는 모습은 교회에 대한 시민 사회의 신뢰를 무너뜨리고 있다. 따라서 기독교 근본주의의 극단적인 배타성에 대해 문제 제기를 하지 않는다면 한국교회는 현재의 위기를 극복할 수 없을 것이다. 한국의 시민 사회는 점진적으로 편집증적 공산주의를 넘어 진정한 민주주의로, 군사 문화를 넘어 민주적 다양성을 향해 나아가고 있다. 한국교회가 이러한 시대의 흐름을 진정 바르게 읽고 있다면 왜곡된 기독교 근본주의의 가치를 과감하게 버리고 기독교 파시즘의 문제를 진지하게 고민해야 한다.

기독교 근본주의와 분단 의식

1. 기독교 근본주의와 흡수 통일 모델

21세기를 20년이나 보낸 현 시점에서 종교 중독 증상을 보이는 기독교 근본주의가 한국 사회에 끼친 부정적인 영향력으로 인해 오늘날에도 여전히 해결되지 않고 있는 분야는 한반도 통일 담론일 것이다. 특히 기독교 내부의 윤리적 부패나 가치의 왜곡이 발생할 때, 남한의 영향력 있는 대형교회 담임 목사들과 교계 지도자들은 편집증적 반공주의에 기대어 그 문제를 덮으려 했다. 한국교회의 윤리적 타락을 지적하고 비판하는 사람들을 북한의 사주를 받은 이들이나 교회를 무너뜨리려는 음해 세력으로 왜곡하는 설교들이 여전히 한국교회의 강대상에서 선포되고 있다. 이는 가상의 적을 외부에 상정하고 거짓 위협을 통해 내부의 문제를 해결하려는 군사 독재 세력의 나쁜 정치 술수를 한국교회가 무비판적으로 수용한 결과다.

한 가지 흥미로운 현상은 과거 편집증적 반공주의에 기대어 여전히 북한에 대한 적대적인 분노를 공적 영역에서 공공연히 표출하는 목사들이 한반도 통일에 대해 언급한다는 점이다. 하지만 분단 의식을 극복하지 못한 채 진행되는 통일 담론이나 통일 운동은 분단 구조를 더욱 고착화할 뿐이다. 통일 운동을 한다는 일부 탈북민단체가 무분별하게 유포했던 대북전단지가 결국 "남북연락사무소" 폭파라는 커다란 위기 상황을 초래한 일이 그 대표적인 예다.

한국 사회에서 통일 담론은 1948년 8월 15일과 9월 9일, 남한과 북한이 각기 독자적인 정부를 수립하면서 시작되었다. 분단 초기에 남한에서는 이승만 정권의 "흡수 통일 모델"(reunification by absorption model)이 주류를 이루었다. 흡수 통일 모델이란 미국의 군사력을 앞세워 강제적으로 북한 지역을 수복하자는 주장을 의미하는데, 이는 냉전 시대의 적대적인 남북관계에 기인한 것이다. 5·16 군사 쿠데타로 권력을 잡은 박정희는 경제 개발 이데올로기를 내세워 "선(先)경제개발 후(後)통일"을 주장했다. 박정희의 통일 모델은 경제력의 차이를 통해 북한 정권의 와해를 유도하겠다는 것으로, 이는 이승만의 흡수 통일 모델에서 군사력을 경제력으로 전환시킨 것이었다. 하지만 두 모델은 기본적으로 "동지와 적의 구분"에 기반한 이분법적인 흑백 논리에 근거한다. "동지와 적의 사유"는 대립적 관계에 있는 타자를 적으로 규정하고 그 인격성을 무시하는 인식론을 전제한다. 악셀 호네트(Axel Honneth)에 따르면, 무시는 인간의 정체성을 형성하는 명예(Ehre)를 훼손함으로써 극단적인 사회적 갈등을 발생시킨다.[1] 상대를 인정하지 않으면서 대화를 시도하는 것은 북한에게 간접적인 위협의 표현으로 인식될 뿐이다. 분단 의식을 극복하지 못한 채 진행되는 통일 운동은 오히려 부작용을 낳는다.

과거 흡수 통일 모델이나 경제적 우위를 기반으로 한 통일 모델은 "동지와 적의 구분"에 기반하여 "동지-적-사유"(Freund-Feind-Denken)에서 자유롭지 않았다. 1953년 이후 한반도의 분단 구조는 북한을 악마화하면서 남한을 선으로 정립하는 인식론 속에서 강화되었다. 분단 구조와 분단 의식은 상호작용을 통해 남북의 독재 체제를 정당화하는 이데올로기를 강화시켰다. 냉전 시대 남북 정권의 관계는 분단 구조를 강화하고 재생산하는 "공생적 적대" 혹은 "적대적 공생" 관계였다.[2] 따라서 한반도 통일 담론을 위해 북한의 전체주의 체제에 대한 비판과 민주화된 남한 사회의 분단 의식에 대한 비판이 동시에 필요하다. 왜냐하면 그동안 분단 의식은 한반도에 거주하는 모든 이들에게 내재화되었기 때문이다. 냉전 이후 분단 의식은 점진적으로 해체의 조짐을 보이고 있지만 여전히 한국 사회에 많은 영향을 끼치고 있다.[3]

무엇보다 분단 의식을 종교적으로 정당화함으로써 분단 구조의 재생산과 고착화의 문제를 가중시켰던 한국교회 내 기독교 근본주의 세력

---

1   Axel Honneth, *Kampf um Anerkennung. Zur moralischen Grammatik sozialer Konflikte* (Frankfurt a. M.: Suhrkamp Verlag, 2016), 40-41. 『인정투쟁』(사월의책 역간).

2   박영균, "분단의 아비투스에 관한 철학적 성찰", 『시대와 철학』 20/3 (2010): 369-411 중 371.

3   김진환, "남한 국민의 대북의식과 통일의식 변천", 『현대사광장』 6 (2015): 72-93을 참조하라.

은 여전히 분단 의식에 기반하여 현실을 바라보고 있다. 이는 기독교 근본주의가 종교적인 선과 악의 이분법을 정치적 영역에 대입하여 판단함으로써 "동지와 적의 사유"를 극복하지 못했기 때문이다. 기독교 근본주의자들에게 남북의 정치적 대립과 갈등은 "선한" 남한 정권이 "악한" 북한 정권과 전투를 벌인 "영적 전쟁"의 결과물이었다. 따라서 그들은 북한과의 대화나 평화를 추구하려는 자세를 종교적으로 죄악시했고 정치적 정당성이 부족한 군사 독재 정권이 반공주의를 내세웠을 때 열광적인 환호를 보냈다. 더구나 지금까지도 한국의 기독교 근본주의자들은 여전히 분단으로 야기된 폭력적 환경과 대립 구조, 분열적 문화를 정당화하고 있다. 만약 앞으로도 한국교회가 분단 의식에서 벗어나 대안적 통일 담론을 정립하기 위해 노력하지 않는다면 한국교회는 통일의 걸림돌로 전락할 것이다. 그 새로운 출발을 위한 첫 단계는 바로 한국의 기독교 근본주의가 분단 의식을 강화하는 데 끼친 영향에 대한 비판적 성찰이다.

2. 기독교 근본주의와 분단 의식

1) 한반도 분단의 종교적 정당화

기독교 근본주의의 중요한 특징 중 하나인 전근대적 종교 전통에 대한 집착은 추종자들로 하여금 변화하는 사회적 현실을 왜곡된 시각에서 바라보게 하고 세속화에 대한 거부감을 분리주의적 강박 관념으로 전환시킨다. 한국의 기독교 근본주의는 미국의 "강경한 근본주의"를 수용하는 과정에서 이를 극단적으로 몰고 갔다. 그러므로 기독교 근본주의는 자신들의 가치와 충돌되는 집단과 대화나 타협으로 문제를 해결하기보다는 단절과 배제라는 극단적인 방식을 선호한다. 한국전쟁 이후 미국의 강경한 근본주의의 영향을 많이 받은 한국의 근본주의 교단들이 많은 분파로 분열된 데에는 이러한 분리주의적 강박 관념이 많은 영향을 끼쳤다.

편집증적 반공주의와 결합한 한국의 기독교 근본주의는 한반도의 분단을 종교적으로 정당화했다. 북한의 침략으로 시작된 한국전쟁은 한국 사회에 집단 외상을 입혔고 그 상흔은 한반도 분단 이후에 제대로 치유되지 못한 채 북한의 무력으로부터 남한을 지켜야 한다는 강박 관념을 낳았다. 이런 상황에서 기독교 근본주의자들은 남한과 교회를 동일시했고 북한의 공산화에 대한 두려움을 과장하여 한반도 분단을 미화했다. 특히 1970년대와 80년대를 거치면서 냉전 시대의 적대적 이데올로기는 반공주의를 외치는 군사 정권을 남한을 수호하는 보호자로 포장했다. 근본주의 신학을 신봉하는 교회들은 남한 체제에 대한 비판을 죄악으로 여겼고 군사 독재에 대한 저항을 북한의 공산주의를 추종하는 것으로 비난했다. 오늘날에도 기독교 근본주의자들은 여전히 냉전적 가치를 중심으로 남북문제를 바라보고 있다. 한반도 분단은 정치 권력자의 억압뿐 아니라 아래로부터의 적극적인 동의와 공조, 호응, 열광적 추종을 통해서 고착화되었다.[4] 한국교회는 분단 구조가 아래로부터 형성되는 데 중요한 역할을 감당했다.

4　김성민, 박영균, "분단의 트라우마에 관한 시론적 성찰", 『시대와 철학』 21/2 (2010):

2) 자본주의 체제의 절대화를 통한 폭력적인 공격성

비판자 혹은 반대자에 대한 폭력적인 공격성은 기독교 근본주의의 또 하나의 특징이다. 기독교 근본주의는 이분법적 흑백 논리로 세상을 바라본다. 냉전 시대의 서막과 함께 시작된 한반도의 분단 구조는 기독교 근본주의자들의 편협한 세계관을 더욱 강화시켰다. 그들에게 남한의 정치 체제는 무조건적으로 선한 것이었고 북한의 정치 체제는 악한 것이었다. 기독교 근본주의자들은 북한에 대해 적대적 감정이나 의견을 표현하지 않는 이들을 향해 쉽게 폭력적인 공격성을 표출했다. 한반도의 대립과 갈등을 당연한 것으로 여겼던 인식론은 대안적 통일 담론을 추구한 이들을 향해 악한 세력의 편을 든다고 비난했다. 하지만 냉전 시대 남북을 지배했던 정치권력은 경제적 이데올로기와 관계없이 독재를 지향했다. 남북의 독재체제가 명목상의 자본주의와 공산주의로 나뉘어 체제 경쟁에서 승리하기 위해 극단적인 정치 선전에 집중했던 것이다. 냉전적 사고로 인해 기독교 근본주의자들은 북한을 양립할 수 없는, 반드시 물리쳐야 할 "적대적 타자"로 규정함으로써 한반도 분단을 공고히 하는 데 영향을 끼쳤다.

한국교회 내 기독교 근본주의자들은 이러한 편집증적 반공주의를 적극적으로 받아들였으며 이를 거부하는 이들을 북한 체제에 대한 동조자 내지 추종자로 낙인찍고 억압했다. "빨갱이", "좌파" 혹은 "좌익" 등과 같은 정치 선동의 표현이 정치적 영역뿐 아니라 한국교회 내에서 무

15-50 중 18-20.

분별하게 선포되었다. "분단이 빚어낸 물리적·구조적·문화적 폭력의 총체를 분단 폭력"으로 규정한다면 냉전 시대는 분단 폭력이 난무하는 야만의 시대였다.[5] 그리고 기독교 근본주의는 분단 폭력을 종교적으로 정당화함으로써 이를 내재화하고 구조화하는 데 일조했다. 기독교 근본주의자들의 종교적 선악이분법은 정치적 영역에 투사되어 "동지와 적의 사유"를 강화했고 군사 독재 체제를 비판하는 이들을 향해 표출되는 "공격성"은 교회를 수호하기 위한 "열심"으로 미화되었다. 남북의 군사적 갈등이 심화될수록 기독교 근본주의자들의 배타적 주장들은 한국교회 내에서 더욱 힘을 얻었다.

1948년 서북청년단 사건에서 알 수 있는 바와 같이 물리적 폭력을 정당화하는 종교적 기제는 엄청난 역사적 비극을 초래할 수밖에 없다. 남한의 정치권력을 종교적 의미의 "선"으로 규정하면 북한의 정치권력은 언제나 "악"일 수밖에 없으며 이러한 인식론은 죄의식을 무력화시켜 악으로 규정된 타자를 향한 폭력을 더욱 강화시킨다. 따라서 냉전 시대 기독교 근본주의자들의 통일 담론은 "악"으로 정립된 북한에 대한 "수복"이나 "붕괴"에만 집중될 수밖에 없었다. 그러므로 한국교회 내 기독교 근본주의자들은 북한에 대한 군사 조치나 강력한 대북 제재 조치에 대해 언제나 지지를 보냈다.

여기서 한 가지 모순적인 현상이 발생한다. 개발 독재 시대 한국교

---

5   김병로, "문제 제기와 구성", 『분단 폭력-한반도 군사화에 관한 평화학적 성찰』(서울: 아카넷, 2016), 14.

회의 기독교 근본주의자들은 엄격한 정교분리를 명목으로 군사 독재 세력에 대한 그리스도인의 저항을 가장 적극적으로 반대했다. 하지만 그들은 남북관계에 있어서 언제나 군사주의를 지지했고 적극적인 군사적 조치를 요구했다. 이러한 모순적 태도는 오늘날에도 여전히 기독교 근본주의자들의 주류적 경향이다. 이는 기독교 근본주의가 가지고 있는 태생적 모순에서 발생한 것이다. 왜냐하면 기독교 근본주의는 정치적 권력이나 사회적 헤게모니를 획득하지 못했을 때는 분리주의나 게토화를 주장하지만 그 반대의 경우에는 물리적 억압을 통해 자신들의 가치를 실현하려고 군사주의와 쉽게 결탁하기 때문이다.

이제 한국교회는 기독교 근본주의가 극우 정치 세력과 결탁할 경우 군사주의를 부추기고 한반도의 분단 폭력을 정당화한다는 것을 분명하게 인식해야 한다. 남한의 정권은 선하고 북한의 정권은 악하다는 사유 방식은 그 자체가 폭력이다. 근대사를 조금만 신경 써서 살펴보면, 박정희가 경제 개발이라는 명목으로 군부의 권력 장악 및 유지에 집착했던 것처럼 김일성도 사회주의 이념을 명목으로 "유일영도체계" 확립과 세습 체제를 강화했음을 알 수 있다. 1972년 7월 4일 남북공동성명의 경우, 결국 그것은 박정희의 유신 체제와 김일성의 영구 독재 체제를 강화하기 위한 수단으로 사용되었다. 한반도 분단이라는 왜곡된 현실 앞에서 남북의 독재 정권 모두 남북의 군사적 긴장관계를 적절히 이용했고 이를 통해 자신들의 독재 권력을 유지했을 뿐이다.[6] 하지만 기독교 근

---

6   서보혁, "군사주의 이론의 초대", 『분단 폭력』, 91.

본주의자들은 선교라는 명목으로 북한 주민들을 복음을 들어야 할 악마적 억압 가운데 있는 "불쌍한 영혼"으로, 북한 정권을 미국과 같은 기독교 국가에 의해 무너져야 할 "악한 정치 체제"로 몰아갔다. 그 결과 민간 차원의 북한 지원에 대해서는 긍정하면서도 국가적 차원의 남북 대화와 화해 정책에서는 적극적으로 반대했다.

3) 경제적 흡수 통일론의 환상

한국교회 내 번영신학의 범람은 대안적 통일 담론을 형성하는 데 큰 걸림돌이었다. 왜냐하면 번영신학은 경제력에 대한 맹신을 부추겨 경제적 흡수 통일론에 대한 환상을 심어주었기 때문이다. 현대 사회에서 종교적 영역 내 근본주의(혹은 원리주의)는 우파적 정치 세력과 쉽게 결탁하는 경향을 보인다. 현대 자본주의 사회에서 정치적 우파 세력은 인간의 모든 욕망을 경제적 풍요로 환원하여 평가하는 왜곡된 세계관을 지향한다. 한국의 번영신학 역시 개발 독재를 기반으로 하는 극우 정치 세력과 결탁함으로써 가치의 획일화를 가중시켰다. 가치의 획일화는 "민주적 다양성"(democratic multiplicity)을 억압함으로써 통일 담론에 있어 다양한 시도를 제한했다.

과거 권위주의적 한국 사회 속에서 경제적 흡수 통일론은 비판이 불가능한 절대적 이데올로기였다. 하지만 실상은 민주적 가치를 가장한 전체주의적 혹은 파시즘적 군국주의의 자본주의적 변형일 뿐이다. 그러므로 대안적 통일 담론이 가능하려면 한국교회는 이데올로기의 신성화나 절대화를 거부해야 한다. 민주적 다양성을 보장할 수 있는 사회적·정치적 기반 없이는 기독교적 통일 담론을 올바르게 정립할 수 없다. 왜냐하면 한반도의 통일은 단순히 군사비를 줄임으로써 더 많은 경제적 풍요를 누리기 위한 것이 아니기 때문이다. 독일의 통일 경험을 통해 알 수 있는 것처럼 통일 직전에는 남한의 경제가 일시적인 어려움을 겪을 가능성이 높다. 통일 한국의 경제가 양적·질적으로 성장하는 것은 생각보다 더 오랜 시간이 필요할 수도 있다. 하지만 이러한 전망조차도 남한 중심의 가치 지향이지 북한 주민들의 의견이 충분히 반영된 것이 아니다. 진정한 의미의 "내적 통일"(inner reunification)은 어느 한쪽의 지향이나 욕망을 무조건적으로 반영함으로써 실현되는 것이 아니다. 이러한 관점에서 대안적 통일 담론은 번영신학의 인식론과 그와 연관된 경제적 흡수 통일론이라는 환상을 해체할 때 비로소 가능하다.

지난 수십 년 동안 흡수 통일론을 기반으로 강력한 대북 제재 조치를 통해 북한을 붕괴시키려는 시도는 전혀 효과를 보지 못했다. 동독의 붕괴는 동독 사회 내부의 모순에 의해 이루어진 것이지 서독의 경제 제재나 공격적 통일 정책의 결과로 이루어진 것이 아니었다. 이러한 관점에서 우파 세력이 분단 의식을 해체하지 않은 상태에서 꾸준히 제기하는 경제적 흡수 통일론은 한반도 통일을 통한 평화 체제를 구축하기보다는 남북 사이의 군사적 긴장 관계를 부추길 뿐이다. 그리스도인은 자본주의적 가치 체제를 유지하기 위해 존재하는 사람들이 아니다. 그는 한반도 통일을 하나님 나라의 한 모습으로, 그리고 평화를 향한 과정으로 이해해야 한다. 하나님 나라의 자유를 자본주의의 우월성을 선전하기 위한 체제 경쟁의 도구로 남용해서는 안 된다.

한국의 기독교 근본주의자들은 스스로를 "칼뱅주의자"라고 내세우지만 사실 이들이 맹신하는 번영신학과 성공주의는 칼뱅의 경제관과는 아무런 관계가 없다. 사실 한국교회 내 범람하고 있는 번영신학은 미국적 성공주의에 의해 형성된 초기 번영신학과 한국의 개발 이데올로기를 결합해 만든 자본주의의 변종 이데올로기일 뿐이다. 아르헨티나나 필리핀의 상황을 보고 잘 알 수 있는 것처럼 군사 독재는 일시적인 경제 성장을 가져다줄 수는 있지만 지속적인 경제 성장을 위해서는 성숙한 민주주의가 반드시 필요하다.[7] 그러므로 한국교회는 지금이라도 신성화된 자본주의와 경제적 흡수 통일론에 대한 환상을 버리고 구시대적 이데올로기를 해체하려고 노력해야 한다.

3. 대안적 통일 담론을 위한 인식론적 전환

이제 한국교회는 냉전 시대에 형성된 기존의 한반도 통일 담론을 해체하고 대안적 통일 담론을 재구성해야 하는 시점에 와 있다. 새로운 통일 담론을 위해 필요한 인식론적 전환은 다음과 같은 특징을 지녀야 한다.

공존을 위한 상호 인정: "동지와 적의 사유" 해체
먼저 그리스도인이라면 통일 담론의 전제 조건으로 양 체제의 공존을

---

7   김병로, "서장 문제 제기와 구성", 17.

최우선적으로 생각해야 한다. 냉전 시대에 남북은 자본주의와 사회주의를 절대화하면서 서로의 체제를 부정했다. 지난 30년간의 체제 경쟁은 한반도 통일에 아무런 기여를 하지 못했다. 오히려 양 체제가 가진 현실적 문제를 외면함으로써 남북 모두에 있어 독재 체제를 견고하게 하는 부작용을 낳았을 뿐이다. 1972년 7·4 남북공동성명이 남북의 독재자들의 영구 집권을 정당화하기 위한 도구로 왜곡된 것처럼 한국전쟁을 통해 정립된 분단 의식을 해체하지 않고는 한반도 통일을 위한 노력은 부작용을 낳을 뿐이다. 남북의 공존을 위해 필요한 상호 인정의 가치는 결국 분단 의식을 강화하는 "동지와 적의 사유"를 포기할 때 비로소 제대로 빛을 발할 것이다. 모든 한반도 통일 담론의 출발점은 양 체제의 공존을 먼저 인정하고 분단 구조가 만들어놓은 많은 문제를 남북이 함께 해결해야 한다는 현실을 받아들이는 것이다.

이데올로기의 상대화: 세상에 대한 그리스도의 주권 강조

둘째, 남북 모두 자신들의 체제를 유지하고 있는 이데올로기를 상대화해야 한다. 냉전 시대에 북한은 김일성 일인 독재 체제를 구축하기 위해 북한 체제를 절대화하고 이에 대해 의문을 제기하는 이들을 지속적으로 숙청해왔다. 남한 역시 군사 독재 체제를 유지하기 위해 자본주의 체제를 절대적 가치로 선전하며 편집증적 반공주의를 강화했다. 하지만 냉전 시대의 남북의 사회 체제는 결국 권위주의적 체제로 전락해버렸다. 남북은 서로를 향해 정권의 정당성이 희박하다고 비난했지만 결국 양 체제는 독재 체제의 서로 다른 변형에 불과했다. 이러한 상황 속에서 경제 체제로서 자본주의와 사회주의에 대한 비판적 연구나 민주주의와의 상관관계와 같은 학문적 담론들은 독재 정권의 이해관계에 의해 왜곡될 수밖에 없었다.

이데올로기의 절대화는 그것을 수용하지 못하는 이들에 대한 차별과 배제 그리고 혐오를 부추긴다. 남북이 상대를 "적"으로 규정하고 갈등을 당연한 것으로 받아들일 수 있었던 것은 자신들의 체제를 지탱하는 이데올로기를 절대화함으로써 타협의 가능성을 남겨두지 않았기 때문이다. 남한의 기독교 근본주의자들은 자본주의 이데올로기의 절대화를 비판하기보다는 그것에 종교적 정당성을 부여함으로써 절대화를 부추겼다. 더구나 교회가 앞장서서 자본주의의 절대화를 비판하는 사람들을 종교적으로 정죄함으로써 정치적 영역에서 갈등이 일어나도록 오히려 부추겼다. 따라서 건강한 그리스도인이라면 지금이라도 이데올로기의 상대화를 통해 남북이 대화하고 타협할 수 있는 사회적 환경을 만들기 위해 노력해야 한다.

남북의 문화적 연속성에 대한 집중

셋째, 한국교회는 남북의 문화적 연속성을 중심으로 통일 담론을 전개해야 한다. 한반도 분단은 남북 사이의 불연속성을 가중시켰다. 현실의 불연속성에만 집중하면 남북은 영원히 대립할 수밖에 없다. 따라서 대안적인 한반도 통일 담론은 남북이 공유하고 있는 문화적 연속성에 우선적으로 집중해야 한다. 북한 체제에 대한 비판적 분석은 남북 대화를 원활하게 진행하기 위해 반드시 필요하지만 공식적인 자리에서 북한 체제에 대한 직접적인 비난이나 비판은 우선은 자제해야 한다. 남한은 시민들의 투쟁과 저항을 통해 민주주의를 발전시켜왔지만 북한은 여전히 일당 독재 체제가 유지되고 있다. 북한 체제를 인정하고 남북의 문화적 연속성에 집중하지 않으면 남북 대화는 가능하지 않다. 그러므로 갈등과 대립이 가장 적은 영역에서부터 협력 사업을 시작해야 한다.

이전과 달라진 북한의 태도 변화에 더 큰 의미를 부여하며 더 긍정적인 변화를 유도하기 위해 교류를 늘려가야만 주변 강대국들의 이해관계에 따라 남북관계가 갈등과 화해를 반복하는 문제를 피할 수 있다. 일부 한국의 기독교 근본주의자들처럼 북한 내 가정교회에 대한 핍박이라는 문제에만 집착하여 북한의 책임론만을 묻는다면 통일을 위한 신학적 담론은 무의미해진다. 그리스도인이라면 부정적 현실 속에서 변화의 가능성을 찾아보고 이를 더 확장하기 위해 노력해야 한다. 이를 위해 남북의 문화적 연속성에 집중하여 소통 가능성을 넓혀가는 것은 한국교회가 우선적으로 취해야 할 자세다. 그러므로 현재 남북이 공유하고 있는 문화적 연속성에 대한 보다 진지한 연구와 이를 위해 협력의 폭을 넓힐 수 있는 방향으로 통일 담론이 정립되어야 한다.

사회적 문제가 발생했을 때 사회구성원들이 그 문제 자체를 부정하면 결코 해결책을 찾을 수 없다. 비록 불편하고 고통스러운 일이라 할지라도 문제 해결의 첫 단추는 현실을 있는 그대로 인정하는 자세다. 지금까지 한국교회 내 한반도 통일 담론은 기독교 근본주의의 세계 도피적이고 배타적인 인식론으로 인해 현실을 외면했거나 왜곡했다. 따라서 한국교회는 한반도 분단 구조를 고착화하고 분단 의식을 미화하는 이데올로기에 대한 신학적 해체 작업을 지금 당장이라도 시도해야 한다. 지금까지 통일을 소망하는 그리스도인들에 의해 분단의 장벽을 넘기 위한 노력들이 없진 않았지만 한국교회의 주류를 형성하고 있는 기독교 근본주의자들은 분단 구조를 재생산하는 방향으로 나아갔다. 그들 중 상당수는 여전히 편집증적 반공주의를 옹호하며 통일의 장기적인 유익보다 통일 비용을 아까워하는 천민 자본주의적 가치관을 노골적으로 드러낸다. 이러한 왜곡된 인식론과 분단의식을 해체하지 않고서 한국교회는 대안적 통일 담론을 구성하는 데 참여할 수 없다.

한반도 통일 담론과 관련하여 한국의 기독교 근본주의자들의 인식론적 기반에 대한 비판적 접근이 필요한 이유가 바로 여기에 있다. 정치와 종교는 구분될지언정 분리되어 있지 않기 때문에 왜곡된 종교적 인식은 정치적 영역에 부정적인 영향을 끼칠 수밖에 없다. 그리스도인이라면 마땅히 냉전 이데올로기의 상대화를 위한 노력에 관심을 기울여야 한다. 왜냐하면 그리스도인은 세상에 대한 그리스도의 절대적 주권을 인정하는 사람이기 때문이다. 세상에 대한 그리스도의 절대적 주권을 인정하는 사람이 특정한 사회·정치 체제 이데올로기를 절대화하는 것은 모순이다. 특히 그리스도인은 "동지와 적의 사유"에서 자유로워야 한다. 이러한 인식의 변화는 결국 남북의 공존을 지향하며 문화적 연속성에 집중하기 위한 전제 조건이다. 북한을 우리의 이웃으로 바라보기 위해서는 종교적 배타성을 강화하는 다양한 요소들—신성화된 자본주의, 편집증적 반공주의 등—에 비판적으로 접근하려고 시도해야 한다. 대안적 한반도 통일 담론은 결국 우리 안의 분단 의식을 극복하는 데서 출발한다.

제4부

기독교 파시즘

기독교 파시즘은 기독교 근본주의와 파시즘이 결합한 정치 운동의 이데 올로기를 총칭하는 용어다. 따라서 기독교 파시즘을 제대로 이해하기 위 해서는 기독교 근본주의에 대한 이해뿐 아니라 파시즘에 대한 정치철학 적 이해가 반드시 필요하다. 물론 파시즘을 한마디로 정의하는 것은 쉬 운 일이 아니다. 정치 이데올로기로서 파시즘은 서로 상이한—경우에 따라서는 대립적인—정치적 가치들이 섞여 있는 일종의 변종(혹은 혼종) 사상이기 때문이다.

로렌스 브리트(Laurence L. Britt)는 2003년 「프리 인콰이어리」(*Free Inquiry Magazine*)에 기고한 "파시즘이 뭐지?"(Fascism Anyone?)라는 글을 통해 파시즘의 일반적인 특징을 다음과 같이 14개로 정리했다.

1. 강력하고 지속적인 민족주의의 표출(Powerful and continuing expressions of nationalism)

2. 인권의 중요성을 무시(Disdain for the importance of human rights)

3. 통합의 명분으로서 적/희생양의 동일화(Identification of enemies/

scapegoats as a unifying cause)

4. 군사적 패권/열광적인 군국주의(The supremacy of the military/avid militarism)

5. 만연한 성차별주의(Rampant sexism)

6. 통제된 대중 매체(A controlled mass media)

7. 국가 안보에 대한 강박 관념(Obsession with national security)

8. 종교와 지배 엘리트가 묶여 있음(Religion and ruling elite tied together)

9. 기업 권력이 보호받음(Power of corporations protected)

10. 노동 권력이 억압되거나 제거됨(Power of labor suppressed or eliminated)

11. 지식인과 예술의 무시와 억압(Disdain and suppression of intellectuals and the arts)

12. 범죄와 형벌에 대한 강박 관념(Obsession with crime and punishment)

13. 만연한 파벌주의와 부패(Rampant cronyism and corruption)

14. 부정 선거(Fraudulent elections)[1]

브리트의 개념 정의는 파시즘의 특징을 개괄적으로 이해하는 데 매우 유익하다. 하지만 역사 속 파시스트 운동들은 각국마다 서로 다른 양상

---

1   Laurence W. Britt, "Fascism Anyone?," *Free Inquiry Magazine*, 22/2 (2003): 20-22.

을 보였다. 따라서 21세기 한국교회의 정치 세력화와 관련해서 기독교 파시즘과 네오-기독교 파시즘의 특징을 자세히 살펴볼 필요가 있다.

파시즘의 이해

1. 파시즘에 대한 일반적인 이해

일반적으로 파시즘은 강력한 차별 기제를 통해 권위주의적 정치 체제를 구성하려는 극단적 국가주의[1](nationalism) 즉 "국수주의"(ultranationalism) 이데올로기를 의미한다. 하지만 각각의 파시스트 운동들은 출몰했던 나라마다 독특한 양상을 띠었다. 따라서 파시즘이나 파시스트 운동에 대한 분류 방식은 정치학자들마다 조금씩 차이를 보인다. 가장 대중적인 분류

---

1 우리말에서 "Nationalism"은 "국가주의" 혹은 "민족주의"로 주로 번역된다. 정치학자들에 따라서는 양자의 차이를 강조하며 엄격하게 구분하기도 한다. 서구 사회에서 그 것은 근대국가의 등장과 함께 민족주의 담론이 형성되면서 세계대전이라는 부정적인 결과를 낳았지만 우리나라에서는 서구의 근대국가 이념 중 하나인 "민족주의"가 일제에 대한 저항을 나타내는 긍정적인 의미를 가진 것으로 사용되었다. 서구에서는 국가주의나 민족주의 양자 모두 부정적인 의미가 강하지만 우리나라에서는 국가주의에 비해 민족주의는 상대적으로 긍정적 의미로 통용되고 있다. 그러므로 이 책에서는 "국수주의"와의 연속성을 강조하기 위해 일괄적으로 "국가주의"로 표시했다.

방식은 제2차 세계대전을 전후로 해서 세계대전 이전을 "고전적 파시즘"(classical fascism)으로, 그 이후를 "네오-파시즘"(neo-fascism)으로 구분하는 방식이다.

제1차 세계대전과 제2차 세계대전 사이에 등장한, 독재를 기반으로 하는 극단적인 국가주의(국수주의)를 지향했던 사회·정치 운동을 흔히 "고전적 파시즘"이라고 부른다. 여기에는 그 출발점이 되었던 이탈리아의 파시즘뿐 아니라 독일의 나치즘(nazism), 스페인의 프랑코주의(francoism), 구소련의 스탈린주의(stalinism), 일본의 군국주의 등이 포함된다. 앞서 언급한 바와 같이 고전적 파시즘은 출몰했던 각 국가마다 독특한 운동 양상을 보였다. 그래서 이탈리아의 초기 파시스트 운동이 보였던 특징과 작동 기제를 포괄적으로 "원파시즘"(proto-fascism) 또는 "원조 파시즘" 혹은 "원형 파시즘"(Ur-fascismo)이라고 부른다.[2] 특히 21세기 들어와서 "원파시즘" 혹은 "원형 파시즘"에 대한 연구가 활발하게 진행되고 있는데, 그 이유는 고전적인 파시스트 운동들이 다음과 같은 독특한 양상을 보였기 때문이다.

먼저, 정치철학적 측면에서 파시즘은 단일한 정치 이데올로기라기보다는 서로 대립되거나 이질적인 정치 이념들을 억지로 묶어놓은 모순적인 정치 운동이었다.[3] 대부분의 파시스트 운동들은 꽤나 느슨한 형태의 통일성을 유지했다. 예를 들어 독일의 나치당(Nationalsozialistische

---

2   Loehr, *America Fascism and God*, 140.

3   Henri Michel, *Les Fascismes* (Paris: Presses Universitaires de France, 1979), 5.

Deutsche Arbeiterpartei, NSDAP)의 경우, 민족주의(Nationalismus)와 사회주의(Sozialismus) 그리고 노동당(Arbeitspartei)이라는 서로 이질적인 정치 이념을 하나로 묶어 통일성을 부여하려고 했다. 둘째, 사회학적 측면에서 고전적 파시즘은 그 출발점에서 분명 자본주의를 기반으로 형성되었지만 그 전개 과정에서는 스탈린주의와 같이 (명목상으로) 공산주의와도 결합했다. 셋째, 신학적 측면에서 서구의 파시즘은 기독교와 결합하여 종교적 정당성을 획득한 기독교 파시즘이었다. 하지만 일본의 군국주의는 기독교와는 다른 종류의 종교적 요소, 곧 "국가신도"(國家神道, State Shinto)와 결합되어 있었다.[4] 스탈린주의도 스탈린에 대한 "개인숭배"(cult of personality)라는 유사 종교적 요소가 내재되어 있었다.[5] 모든 고전적 파시즘을 기독교 파시즘으로 분류할 수는 없지만 그것이 종교적 파시즘(religious fascism)으로 변질되었다는 것은 부정할 수 없다. 단지 서구의 네오 파시즘은 서구의 고전적 파시즘이나 일본의 군국주의와 같은 강력한 종교적 정당성에 기초하고 있었다고 보기는 어렵다. 넷째, 역사학적 측면에서 고전적 파시즘의 변형으로서 "네오-파시즘"의 등장 시기도 역사적 상황에 따라 차이를 보인다. 제2차 세계대전의 종전 이후 고전적 파시즘의 영향력은 분명히 약화되었지만 스탈린주의는 다른 고전적 파시즘의 몰락 이후에도 구소련과 동구권에서 상당한 영향을 끼쳤다. 그 결과 서구 사회에서는 냉전 시대에 그 모습을 드러내었던 네오-파시

---

4   Helen Hardacre, *Shinto: A History* (Oxford: Oxford University Press, 2017), 14, 355.
5   Alan Wood, *Stalin and Stalinism*, 2nd ed. (London: Routledge, 2005), 43, 59, 68.

즘이 러시아에서는 구소련 체제의 몰락 이후 본격적으로 등장했다.

네오-파시즘이란 제2차 세계대전 이후 주로 민주주의 사회 내에서 고전적 파시즘의 권위주의적 정신과 차별 기제를 이어받은 유사 파시즘 사상을 의미한다. 네오-파시즘은 고전적 파시즘과 비교할 때, 운동의 양상에 있어 분명한 차이를 보인다.[6] 예를 들어, 네오-파시즘은 기본적으로 민주주의의 외적 형식을 유지한다. 비록 "요새화된 미국"(Fortress America)과 같은 권위주의적 사회의 요소가 발견되지만 고전적 파시즘처럼 민주정체를 아예 부정하지는 않는다. 또한 거대 기업과 거대 국가의 결합으로 형성된 새로운 엘리트 계층이 더욱 교묘한 방식으로 대중을 통제하지만 고전적 파시즘과 달리 네오-파시즘은 개인적인 영역 안에서 자유를 어느 정도 허용한다. 새로운 엘리트 계층은 새로운 기술과 언론을 장악하는 방식으로 대중을 관리하고 조종한다. 인종차별과 같은 사회적 갈등을 부추기고 다양한 희생양을 만들거나 조직화된 무질서를 통해 사회 구성원의 연대를 가로막고 대중을 파편화시킨다. 네오-파시스트들은 파편화된 대중의 자유를 억압하지는 않는다.[7]

하지만 운동의 양상이 다르다고 해서 네오-파시즘을 고전적 파시즘과 근본적으로 다른 사회적·정치적 운동으로 보기는 어렵다. 왜냐하면 운동 양상의 차이에도 불구하고 네오-파시즘은 기본적으로 고전적

---

6   Sheldon S. Wolin, *Democracy Incorporated: Managed Democracy and the Specter of Inverted Totalitarianism*, new ed. (Princeton & Oxford: Princeton University Press, 2017), ix.

7   Bertram Gross, *Friendly Fascism: The New Face of Power in America* (Boston: South End Press, 1980), 343-345. 『친절한 파시즘』(현암사 역간).

파시즘의 권위주의와 차별 기제를 내재하고 있기 때문이다. 단지 민주주의 사회에 적합하게 외형을 바꾸었을 뿐이다. 따라서 네오-파시즘을 방치할 경우 고전적 파시즘과 같은 비극이 발생할 수 있다. 네오-파시즘은 학자들에 따라서 다양한 명칭으로 불린다. 케빈 패스모어(Kevin Passmore)는 "네오-파시즘"보다는 "후기-파시즘"(post-fascism)이라고 불렀다.[8] 버트럼 그로스(Bertram Gross)는 "친절한 파시즘"(Friendly Fascism)이라고 명명했다.[9] 셸던 S. 월린(Sheldon S. Wolin)은 "전도된 전체주의"(inverted totalitarianism)라는 용어를 사용했다.[10] 하지만 내용적 측면에서 "네오-파시즘", "후기-파시즘", "친절한 파시즘", "전도된 전체주의" 등의 용어가 서로 다른 정치 운동을 표현한다고 보기는 어렵다. 오히려 제2차 세계대전 이후 민주주의 사회에서 등장했던 새로운 파시스트 운동을 학자들마다 서로 다른 강조점을 두어 표현한 것으로 보는 것이 옳다. 따라서 네오-파시즘에 대한 다양한 분석의 틀은 기독교 파시즘―나아가 네오-기독교 파시즘―을 분석할 때에도 매우 유용하다. 이제 파시스트 운동들이 공유하는 일반적인 특징(정치적 종교, 국수주의와 전체주의적 독재 체제)과 종교적 요소로 인해 발생하는 기독교 파시즘의 독자적인 특징(기독교 근본주의와 자본주의의 신격화)에 대해 살펴보도록 하자.

---

8   Kevin Passmore, *Fascism. A Very Short Introduction*, 2nd ed. (New York: Oxford University Press, 2014), 97.『파시즘』(교유서가 역간).

9   Gross, *Friendly Fascism*, 3.

10   Wolin, *Democracy Incorporated*, 211.

2. 파시즘의 일반적인 특징

1) 정치적 종교

파시즘은 "정치적 종교"(political religion)다. 정치적 종교란 국교에 맞먹는 권력을 획득할 정도로 강력한 사회적 지지를 받는 정치적 이데올로기들을 통칭하는 말이다.[11] 정치적 종교로 인정받는 정치 이데올로기는 정치 운동의 특징뿐 아니라 종교 운동의 특징도 포함한다. 정치적 종교가 유사 종교 현상을 보이는 이유가 바로 여기에 있다. 유사 종교로서 파시즘을 분석할 때, 다음의 두 가지 요소에 집중할 필요가 있다.

첫째, 파시즘—혹은 전체주의—을 유지하는 인식론적 기반에는 "개인숭배"가 자리 잡고 있다. 물론 가장 강력한 형태의 개인숭배는 러시아의 스탈린 숭배였다. 스탈린 이전에 러시아를 이끌었던 강력한 차르(Tsar) 체제의 영향으로 인해 스탈린주의의 개인숭배는 서구의 다른 개인숭배와는 분명하게 구별된다.[12] 하지만 히틀러 숭배에 의해 유지되었던 나치즘도 그에 못지않은 강력한 개인숭배 현상을 보였다.[13] 또한 강력한 국가와 공격적인 외교 정책과 함께 무솔리니에 대한 숭배는 이탈리

---

11   Eric Voegelin, "The Political Religions," in *Modernity without Restraint*, *The Collected Works of Eric Voegelin*, vol. 5 (Columbia & London: University of Missouri Press, 2000), 19-73 중 27.

12   Anita Pisch, *The Personality Cult of Stalin in Soviet Posters, 1929-1953: Archetypes, Inventions and Fabrications* (Canberra: ANU Press, 2016), 14.

13   이와 관련하여 Michael Geyer & Sheila Fitzpatrick (eds.), *Beyond Totalitarianism: Stalinism and Nazism Compared*(Cambridge: Cambridge University Press, 2009)의 서론(1-47)을 참조하라.

아 파시즘의 핵심적인 신념이었다.[14]

둘째, 파시즘의 개인숭배는 종교심리학적 왜곡 현상이다. 예를 들어, 빌헬름 라이히(Wilhelm Reich, 1897-1957)는 프로이트의 종교 이론을 기반으로 나치즘을 분석했다. 라이히는 "사도-마조히즘"(sado-masochism), 즉 "가학-피학성"을 기반으로 하는 종교 비판을 도구 삼아 파시즘을 분석했다. 프롬도 히틀러가 자신의 권력욕을 합리화하고 정당화한 방식을 사도-마조히즘의 관계 속에서 설명했고 유사 종교로서 파시즘을 신랄하게 비판했다. 프롬에 따르면, 히틀러는 자신의 권력욕을 개인적인 욕심에 기반한 것이 아니라 "영구불변의 자연법에 근거한 것"이라고 주장했다. 또한 자신의 독재를 "보다 더 높은 힘—하나님, 운명, 역사, 자연—의 명령에 따라 행동"한 결과이며 "다른 국민이 그와 독일 국민을 지배하려는 시도에 대한 단순한 방위"일 뿐이라고 정당화했다.[15]

가학-피학성에 기반한 권위주의는 종교의 왜곡 현상이다. 가학성은 남에게 고통을 주면서 쾌감을 느끼는 것이고, 피학성은 그 반대로 자신이 학대당하면서 쾌감을 느끼는 것이다. 그런데 이러한 가학성과 피학성은 대개 한 개인에게 같이 나타난다. 다시 말해서 고통을 주면서 성적 쾌감을 느끼는 사람은 알고 보면 고통을 받으면서도 비슷한 쾌감을 느낀다. 누구나 이러한 욕구를 특정한 환경에서 미약하게나마 가질 수 있다. 하지만 스스로 적절하게 조절하지 못하거나 욕구를 억제할 수 있

---

14   Alexander J. De Grand, *Fascist Italy and Nazi Germany: The 'fascist' Style of Rule*, 2nd ed. (New York & London: Routledge, 2004), 88.

15   Fromm, *Escape from Freedom*, 251

는 사회적 기제가 약화되면 다양한 정신 병리적 문제를 일으킨다. 가학-피학성은 사랑의 관계가 아닌 권력의 관계에서도 나타난다. 모든 인간은 누군가를 권력으로 지배할 때 쾌감을 느끼는 가학성과 권력을 통해 스스로 지배당해야만 쾌감을 느끼는 피학성을 갖고 있다. 히틀러와 같은 사람은 강력한 권력을 가지고 사람들에게 고통을 주는 것, 곧 전쟁을 일으키고 약자를 괴롭히며 학살하는 권력, 즉 권력의 가학성에서 쾌감을 느꼈다. 가학성은 피학성과 함께 나타나기에 히틀러는 자신을 지배해줄 강력한 존재를 필요로 했고, 그 역할을 사교 집단과 같은 나치당의 사상이 대신해준 것이다. 이처럼 정치적 종교로서 나치즘은 일종의 유사 종교였다.

2) 전체주의적 독재 체제

파시즘은 전체주의적 독재 체제(Totalitarian Dictatorship)를 지향한다. 파시스트 운동 초기에 파시즘을 지지하는 이들은 정치권력을 잡기 위해 국가의 생존이나 이익이라는 명목으로 권위주의적인 정치 체제를 두둔한다. 이들이 권력을 잡으면 강력한 지배 체제를 구축하기 위해 극단적인 중앙 집권제를 주장하며 사회적 다양성이나 지역적 특수성을 억압하고 국가를 대표하는 카리스마적 지도자에게 완전히 복종할 것을 강요한다. 따라서 파시스트 운동은 필연적으로 전체주의적 독재 체제를 구축한다. 파시즘은 국가와 그 국가를 상징하는 지배자를 신격화한다. 그것은 지배자를 신의 섭리에 의해 선택된 국가의 지도자 혹은 구원자로 선전하기에 결국 지배자에 대한 숭배로 변질된다. 이는 전형적인 정치적 종교의 특성이다. 이때 독재자와 추종자 사이를 중개하는 매개체는 곧 단일 정당이며 이 정당 안에서는 강력한 권위주의가 작동하므로 위계적인 계급 구조를 가진다. 모든 인간은 명령을 내리는 자와 그 명령에 맹목적으로 복종하는 자로 구분되며 상부의 권위는 절대적으로 받아들여진다. 20세기에 등장했던 고전적인 파시즘은 독재자의 남성성을 절대화하는 경향을 보였다.[16]

　　파시즘의 독재 체제를 흔히 "전체주의"(totalitarianism)라고 표현한다. 전체주의란 용어는 1919년 이탈리아의 자유주의자 지오바니 아멘돌라(Giovanni Amendola)가 이탈리아의 베니토 무솔리니(Benito Mussolini)에 의해 시작된 파시스트 운동을 특징화하기 위해 1923년에 사용한 용어였다. 그는 파시스트들의 선거법 개악을 지켜보면서 이 악법이 "전체주의 정신"에 의해 제정되었다고 비난했다. 그런데 파시스트들은 비난을 오히려 칭찬으로 받아들였고 전체주의라는 말을 "새로운 정치"와 동의어로 간주했다.[17] 오늘날에도 파시즘과 전체주의는 종종 상호 교환적으로 사용된다.[18] 특히 냉전 시대에 미국에서 구소비에트 체제를 비판하기 위해 파시즘을 의도적으로 전체주의로 부르는 경향이 지배적이었다. 예를 들어 스타니슬라브 안드레스키(Stanislav Andreski, 1919-2007)는 고전적 파시즘과 전체주의를 동일한 것으로 보고 전체주의에 대한 비판적 연구를 진행했다. 안드레스키에 따르면, 전체주의란 "사회적 삶 전체에

16　Michel, *Les Fascismes*, 8-10.
17　장문석, 『파시즘』(서울: 책세상, 2010), 87.
18　Leonard Schapiro, *Totalitarianism* (London: Macmillan, 1972), 13-14.

대한 영구적인 정부 통제의 확장"이다.[19] 물론 윌린과 같은 이들은 안드레스키와는 다른 정치적 입장에서 전체주의를 "일사불란하게 질서 잡힌 하나의 전체로서의 사회, 그 안에서 각 부분들이 정권의 목적에 봉사하고 그 목적을 연장시키기 위해 사전에, 필요하다면 강제적으로 조정되는 사회라는 이데올로기적이며 이상화된 사회 개념을 현실화하려는 시도"라고 규정했다.[20]

최근에는 냉전 시대의 전체주의에 대한 편향적 연구에 대한 거부감으로 인해 슬라보예 지젝(Slavoj Žižek, 1949년 출생)과 같이 "전체주의"개념의 실재성과 이념적 편향성에 대한 비판이 강하게 제기되고 있다.[21] 또한 움베르토 에코(Umberto Eco)와 같이 원형-파시즘에 대한 보다 깊이 있는 담론을 전개하기 위해 파시즘과 전체주의를 구분하는 학자도 있다.[22] 따라서 한나 아렌트(Hannah Arendt, 1906-1975)가 지적한 바와 같이 "전체주의"라는 단어는 신중하게 사용되어야 한다.[23] 하지만 에코도 "원형 파시즘" 또는 "영원한 파시즘"의 특징들이 전체주의에도 전형적으로 나타난다는 점을 인정한다.[24] 오늘날 이념적 지향성이 그리 강하지 않은

---

19 Stanislav Andreski, "Is Totalitarianism a Meaningful Concept?" in *Totalitarianism: Temporary Madness or Permanent Danger*, ed. Paul T. Mason (Lexington: D. C. Heath and Company, 1967), 31.

20 Wolin, *Democracy Incorporated*, 44.

21 슬라보예 지젝, 『전체주의가 어쨌다구?』(서울: 새물결, 2008), 11-20.

22 움베르토 에코, 『신문이 살아남는 방법』(파주: 열린책들, 2009), 87.

23 Hannah Arendt, *The Origins of Totalitarianism* (New York: A Harvest Book, 1973), xxviii.

24 에코, 『신문이 살아남는 방법』, 98.

기독교 파시즘에 대한 연구들에서 파시즘과 전체주의는 종종 상호 교환적으로 사용되고 있다. 예를 들어, 미로슬라브 볼프(Miroslav Volf, 1956-)는 미국의 소위 "주권운동"(dominionism)을 "기독교 전체주의"로 규정하지만,[25] 크리스 헤지스(Chris Hedges, 1956-)는 "기독교 파시즘"으로 규정한다.[26] 냉전 시대의 문제점에도 전체주의라는 용어가 파시스트 운동의 특징을 묘사하기 위해 처음 사용되었다는 점은 부인할 수 없다. 더구나 비록 다른 용어로 규정을 하더라도 그것은 동일한 정치 운동, 즉 일인 독재자의 권력을 신성화하여 사회 전반에 대한 완전한 통제력을 추구하는 정치 운동을 가리킨다는 점은 확실하다.

3) 극단적 국가주의(국수주의)

파시즘은 국가주의를 주장한다. 파시즘이 주장하는 국가주의는 사실 극단적인 국가주의, 즉 "국수주의"다.[27] 극단적인 국가주의가 기존의 국가 체제를 거부하고 국가가 사회 전 분야에 걸쳐 강력하게 통제하는 새로운 국가 체제를 지향할 때, 파시즘으로 발전한다. 파시즘은 집단 전체를 신성시하여 개인보다 우위에 두기에 (명목상으로) 국가의 이익을 위하여 국가의 모든 체계와 구성원을 통일시키려 한다. 따라서 파시스트 체제 속에서 국가를 분열시키고 약화시킨다고 규정된 행위는 반국가적인 것

25　미로슬라브 볼프, 『광장에 선 기독교』(서울: IVP, 2014), 13.

26　Chris Hedges, *American Fascists: The Christian Right and the War on America* (London: Jonathan Cape, 2007), 10.

27　Passmore, *Fascism* (2014), 5.

으로 비난받고 억압은 정당화된다. 이뿐 아니라 파시즘이 등장하기 이전의 근대 사회는 부정되며 신화적인 과거 시대에서 국가적 원형을 찾으려 한다.[28] 에코에 따르면, 파시즘의 중요한 특징은 "전통의 숭배"와 "현대성의 거부"다. 그러므로 파시즘은 기본적으로 "비합리주의"를 지향하며 이는 "행동을 위한 행동"을 찬양함으로써 극단적인 사회적 행위를 정당화한다.[29]

이탈리아에서 초기 파시즘은 기존의 보수주의와 좌파에 대한 적대감과 함께 극단적 국가주의와 연결되어 있던 정치적 운동에서 출발했다. 파시즘은 국가의 중요성을 강조하며 개인의 이익이 국가와 일치하는 경우에만 개인의 삶을 용인한다. 따라서 파시스트들은 국가의 권리가 곧 개인의 참된 본질을 표현한다고 주장한다.[30] 파시즘의 이데올로기 속에서 다양성은 불일치를 의미하며, 불일치는 바로 배반으로 규정된다. 그것은 다양성으로 인해 발생하는 차이를 인정하지 않기에 "차이에 대한 두려움"을 과장하고 거짓 포장함으로써 강제적으로 획일화한다. 파시즘은 개인적·사회적 좌절에서 분출된 욕망을 동력으로 움직이므로 대중 선동에 집중하지만 초기 파시스트 운동은 "좌절된 중간 계층들에 대한 호소"를 통해 부상했다. 이들은 "어떤 경제적 위기 또는 정치적 모욕으로 인해 불안해하거나, 사회적 하층 집단들의 압력에 놀란 중간 계층들"이다. 그들은 자기 정체성을 위협하는 현실의 문제를 동일한 국가에

---

28 Michel, *Les Fascismes*, 7.

29 에코, 『신문이 살아남는 방법』, 98-101.

30 Loehr, *America Fascism and God*, 78.

서 태어났다는 새로운 정체성을 정립함으로써 외면하고 그것을 특권으로 여기며 단결한다.[31]

파시즘의 국수주의는 시민 사회 영역이 비교적 건강할 때에는 사회적 지지를 얻지 못한다. 하지만 사회 병리적 현상들이 늘어나고 사회적 혼란이 지속되거나 강력한 사회적 외상 경험으로 사회 구성원들의 현실 도피 욕구가 강해질 때에는 열렬한 지지를 얻는다. 왜냐하면 파시스트들과 그 지도자는 사회 구성원들에게 현실의 문제들을 집단주의적이고 국가주의적인 운동을 통해 해결할 수 있을 것 같은 환상을 심어주기 때문이다. 다시 말해 파시즘은 개인적 차원의 절망감과 좌절감으로부터 도피하고 싶은 욕구를 자극함으로써 영향력을 확장하는 경향을 보인다. 따라서 파시즘은 현실 속 문제의 책임을 떠넘길 수 있는 가상의 적을 필요로 한다. 이때 사회적 약자나 소수자가 가상의 적으로 상정되는 경우가 대부분이다. 그러므로 파시즘은 필연적으로 외국인에 대한 혐오나 인종차별을 부추기고 사회적 소수자에 대한 차별을 정당화하는 기제를 내포하고 있다. 파시스트들은 가상의 적을 내부에 상정하는 것만으로 사회적 통제가 충분히 이루어지지 않을 경우 외부에 가상의 적을 만든다. 이는 군국주의로 나아가기 위한 정치적 기반으로 작용한다.[32]

한편 기독교 파시즘 속에서 차별 기제는 더욱 강력하게 작동한다. 기독교 파시스트들은 자신이 속한 국가 공동체를 구약의 이스라엘과 동

31　에코, 『신문이 살아남는 방법』, 102-103.

32　Michel, *Les Fascismes*, 8-9.

일시하는 경향으로 인해 강력한 반유대주의적 경향을 보인다. 스스로를 새로운 이스라엘로 규정하는 왜곡된 선민의식은 외국인에 대한 혐오와 인종차별을 강화한다. 그들에게 외국인과 다른 인종은 새로운 이스라엘이라는 단일한 국가 정체성을 혼탁하게 만드는 변종일 뿐이다. 왜곡된 선민의식이 국수주의와 결탁하여 군사적 폭력이 "하나님의 뜻"으로 미화될 경우, 대규모 전쟁이나 제국주의와 같은 극단적인 정치적 행위로 표출된다.

3. 기독교 파시즘의 특징

1) 전근대적 종교적 가치관: 기독교 근본주의

기독교 파시즘은 기독교 근본주의와 파시즘이 결합한 결과물이다. 파시즘과 기독교 근본주의는 근대성에 대한 부정이라는 특징을 공유하고 있으므로 쉽게 결탁한다. 기독교 근본주의자들이 파시스트 운동에 참여하여 그 운동에 종교적 정당성을 부여할 때 기독교 파시즘이 탄생한다. 고전적 파시즘은 종교적 이데올로기와 쉽게 결합했다. 흔히 종교적 파시즘이라 불리는 이데올로기는 1920년대 무솔리니와 파시스트 운동을 지지했던 교권 파시즘(clerico-fascism)에서 오늘날 이슬람 원리주의까지 다양하다. 종교적 파시스트들은 "특정한 종교가 공적인 삶에 철저히 침투해야 한다"고 주장하며 "종교가 공적 영역을 마음대로 지배하도록 허용"

한다.[33]

서구 사회에 등장했던 고전적 파시즘은 대부분 기독교 파시즘이었다. 칼 프리드리히(Carl. J. Friedrich)와 즈비그뉴 브레진스키(Zbigniew K. Brezezinski)는 20세기 서구에서 등장한 전체주의가 기독교적 천년왕국 이데올로기를 포함하고 있었다고 주장했다.[34] 에코는 나치즘이 "영지주의"(gnosticism)의 영향을 받았다고 분석했다. 파시즘을 지배했던 종교적 요소에 대한 분석은 학자들마다 이견을 보일 수 있지만, 서구 사회에서 파시즘이 기독교와 쉽게 결탁했다는 사실은 누구도 부인할 수 없을 것이다. 어떤 이들은 서구 문명의 몰락을 가져왔던 20세기를 "파시즘의 시대"(Era Fascista)라고 부르기도 하는데, 엄밀히 말해 서구 사회의 경우에는 기독교 파시즘의 시대라고 규정할 수 있을 것이다.

오늘날 네오-파시즘은 대부분 기독교 파시즘으로 분류할 수 있다. 네오-기독교 파시즘도 기독교 근본주의를 중요한 지지 기반으로 삼고 있다. 파시즘의 비합리주의와 같이 기독교 근본주의도 신정 일치 국가에서나 실현 가능한 규칙들을 인간 삶의 모든 영역 속에서 적용해야 한다는 신념 체계를 가지고 있을 뿐 아니라 그 규율을 공적 영역에서도 실현해야 한다고 가르친다. 기독교 근본주의는 민주적 다양성을 무시하는 경향을 보이고 극우적인 정치적 가치를 신봉하며 최종적이며 규범적으로 승리한 그리스도의 깃발을 따르지 않는다고 생각하는 모든 집단에 대

---

33   볼프, 『광장에 선 기독교』, 13-14.
34   Carl J. Friedrich & Zbigniew K. Brzezinski, *Totalitarian Dictatorship and Autocracy* (New York: Praeger, 1965), 10-11.

한 차별을 정당화한다.[35] 기독교 근본주의의 특징들은 파시즘과 쉽게 결합할 수 있는 인식론적 토대를 제공한다. 따라서 도로테 죌레는 "기독교 파시즘"(Christofaschismus)이라는 용어를 통해 1960년대 후반의 미국의 네오-파시즘과 기독교 근본주의의 밀접한 상관관계를 비판했다.[36]

기독교 근본주의와 기독교 파시즘은 다음과 같은 인식론적 유사성을 나타낸다.

기독교 근본주의	기독교 파시즘
전근대적 종교 전통에 대한 집착	정치적 종교
권위에 대한 왜곡된 인식으로 인한 권력 중독	개인숭배
진영 논리와 분리주의적 강박 관념으로 인한 배타성	전체주의적 독재
비판자 혹은 반대자에 대한 폭력적인 공격성	국가주의 혹은 국수주의
가부장제	전근대적 종교적 가치관: 기독교 근본주의
신성화된 자본주의	자본주의의 신격화

2) 자본주의의 신격화

기독교 파시즘은 "자본주의의 신격화"(apotheosis of capitalism)를 그 특징으로 한다. 20세기 고전적 파시즘은 자본주의 체제에서 발생하여 사회

---

35 Tom Driver, *Christ in a Changing World: Toward an Ethical Christology* (New York: Crossroad, 1981), 3.

36 Dorothee Sölle, "Christofaschismus," in *Das Fenster der Verwundbarkeit* (Stuttgart: Kreuz Verlag, 1987), 158.

주의 체제로 확장되었고 양차 세계대전 사이에 발생했던 고전적 파시즘은 구소련의 스탈린주의와 일본의 군국주의를 제외하고는 모두 기독교 파시즘으로 변질되었다. 스탈린주의와 일본의 군국주의도 각각 개인 숭배와 "국가신도"라는 종교적 요소를 기반으로 했다. 파시즘은 기본적으로 특정한 이데올로기에 종교적 정당성을 부여하는 방식으로 변질되며 이런 현상은 네오-파시즘에서도 동일하게 발견된다. 지금까지 네오-파시즘에 대한 연구들을 분석해보면 네오-파시즘은 고전적 파시즘보다 기독교 근본주의와 더욱 쉽게 결탁하며 더욱 적극적으로 자본주의를 신격화한다.

이탈리아에서 파시스트 운동이 처음 등장했을 때, 파시스트들은 민족 국가의 형성을 위해 자본주의와 밀접한 상관관계를 맺고 있었다. "파시즘은 민족 국가의 형성에서 정점에 이르는 장기적인 국가 구성 과정의 산물인 동시에 고도 산업 자본주의로 향하는 장기적인 자본주의 발전의 산물이라는 말이다. 이를 뒤집어 말하면, 일정한 수준의 자본주의 발전이 없다면 파시즘이 나타나리라고 기대할 수 없다는 것이다."[37] 파시즘은 대중을 선동하여 지지를 얻어내지만 그 출발은 언제나 자본주의 중간 계급(capitalistic middle class)에 의해 주도되었다. 물론 보다 세밀하게 분석하면 파시스트 운동이 출몰했던 나라들마다 자본주의적 중간 계급의 특성에는 약간의 차이를 보인다. 라이히는 파시즘이 "대중운동"(Massenbewegung)임을 강조하면서 파시즘의 대중적 기반을 "대부르

---

37   장문석, 『파시즘』, 63.

주아 계급"(Grossbourgeoisie)이 아니라 "소시민층"(Kleinbürgertum)에서 찾았다.[38] 미국의 경우, 1920년대와 30년대 일부 강력한 산업주의자들에 의해 파시즘의 도래를 고대하고 환호하는 흐름은 이미 존재했었다. 그들에게 파시즘은 신격화된 자본주의의 수호자로 여겨졌다. 경제학자 로렌스 데니스(Lawrence Dennis)는 1936년에 쓴 자신의 저서 『도래하는 미국의 파시즘』(*The Coming American Fascism*)에서 자유주의적 법률 규범이나 개인적 권리들에 대한 헌법 차원의 보장이야말로 경제적 파시즘이 발전하는 데 커다란 장애물이라고 주장했다.[39] 자본주의적 중간 계급에 대한 규정은 학자들마다 차이가 있지만 서구의 고전적 파시즘이 대공황, 카르텔(cartel)과 트러스트(trust)와 같은 자본주의의 왜곡 현상에 가장 큰 위기감을 느낀 사회적 계급들에 의해 부상했다는 것은 부정할 수 없다.[40]

물론 파시스트들은 경제 문제를 정치권력과 사회적 헤게모니를 쥐기 위한 정치 선전의 도구로서만 다룰 뿐이다. 그들은 자본주의 경제 위기에 직면한 중간 계급의 불안감을 선동함으로써 지지를 얻었지만 그럼에도 자유 시장에 기반한 자본주의 체제를 선호하지 않았고 전체주의적 집단주의 경제 체제를 지향했다. 하지만 정치 선전 도구로서 자본주의의 신격화는 매우 효과적으로 작동했고 무엇보다 냉전 시대 미국을 비롯한 서구 사회에서 기독교 근본주의자들의 지지를 얻는 데 매우 중요한 역

---

38   Wilhelm Reich, *Massenpsychologie des Faschismus* (Köln: Kiepenheuer & Witsch, 1986), 16, 19.

39   Loehr, *America Fascism and God*, 77-78.

40   Michel, *Les Fascismes*, 11.

할을 감당했다. 오늘날 미국 내 네오-기독교 파시즘이 번영신학의 지지를 받으며 영향력을 확대해가는 것은 결코 우연이 아니다.

미국의 번영신학은 세속적인 경제 체제인 자본주의를 기독교적인 체제라고 가르친다. 고통받는 사람들을 이용해 부자가 되려는 번영신학의 추종자들이 선포하는 변질된 복음은 경제적인 약자와 빈자를 죄악시하는데, 파시즘은 바로 이러한 환경 속에서 활개를 친다.[41] 후기 자본주의 사회에서 네오-파시스트 운동이 네오-기독교 파시즘으로 쉽게 전환되는 이유가 바로 여기에 있다. 기독교 파시즘은 경제적 차별이나 경제적 양극화를 종교적으로 정당화한다. 사실 후기 자본주의 사회는 단순한 경제 체제가 아니라 모든 것을 자본의 가치로 환원시키고 거래의 대상으로 만드는 복합적인 가치관의 결합체다. 따라서 그리스도인들이 자본주의 체제의 문제를 제대로 인식하지 못한 채 자본주의의 신격화를 받아들이고 그 기반 위에서 기독교 정치 운동을 펼친다면 그 운동의 이데올로기는 필연적으로 네오-기독교 파시즘으로 변질될 수밖에 없다. "성서는 부를 폄훼하지 않지만 권장하지도 않는다."[42] 네오-기독교 파시즘에 의해 강요된 자본주의의 신격화는 기독교를 체제 유지의 도구로 전락시킬 뿐이다.

---

41 Hedges, *American Fascists*, 133, 181.
42 행크 해네그래프, 『바벨탑에 갇힌 복음』(서울: 새물결플러스, 2010), 330.

제2장

현대 사회와 기독교 파시즘

고전적 파시즘은 종교적 파시즘이었다. 서구의 고전적 파시즘은 기독교 근본주의와 결탁한 기독교 파시즘이었다. 기독교 근본주의와 네오-파시즘이 결탁한 채 민주주의 사회에서 부정적인 영향력을 발휘하고 있는 네오-기독교 파시즘은 그 운동의 양상에 있어 이전과는 분명한 차이를 보인다. 하지만 이를 묵인한다면 네오-기독교 파시즘은 이전의 기독교 파시즘과 같이 교회와 시민 사회의 파멸을 가져올 것이다. 왜냐하면 네오-기독교 파시즘은 기본적으로 권위주의와 차별이라는 파시즘의 기제를 기반으로 작동하기 때문이다.

1. 현대 사회에서 기독교 파시즘의 폐해

1) 공동선과 공공성의 거부

네오-기독교 파시즘은 공동선 혹은 공공선을 거부하고 나아가 공공성을 파괴한다. 물론 네오-파시즘 자체가 고전적 파시즘처럼 노골적으로 전체주의적 독재 체제를 지지하지는 않는다. 고전적 파시즘의 폐해는 정치적 권력을 획득한 파시스트들이 사회 전체를 일인 독재자의 완전한 통제 아래에 둠으로써 국가를 독재자의 소유물로 변질시킴으로서 양산되었다. 사회학적인 의미에서 사유화는 "공적 운영에 대한 정부의 통제력을 상실하는 것"을 의미한다.[1] 주로 국유화되어 있거나 공적으로 소유되어 있는 산업을 사적인 소유나 통제로 이전하는 것을 의미하는 사유화의 대상이 국가 자체가 되었다는 것은 국가가 더 이상 공적인 것이 아니라 사적인 것으로 변질되었음을 의미한다.

하지만 로마 시대부터 국가는 "레스 푸블리카"(*res publica*), 즉 "공적인 것"(혹은 "공적인 일")으로 이해되었다. 키케로(Cicero)는 고대 그리스의 "폴리스"(polis)를 "소키에타스 키빌리스"(*societas civilis*)라는 라틴어, 즉 "시민 사회"로 번역하면서 시민 사회가 "레스 푸블리카"로 구성되어 있다고 주장했다. 그는 "레스 프리바타"(*res privata*), 즉 "사적인 것"과 구별되는 "레스 푸블리카"가 그 구성원의 자유와 존엄을 지키고 "문

---

1   Dirk Haubrich, "Privatization," *International Encyclopedia of the Social Sciences*, 2nd ed, vol. 6, 481-482, 여기서는 481.

명화된", "전제적이지 않은" 그리고 "야만적이지 않은" 삶의 양식으로 이끈다고 생각했다. "레스 푸블리카"의 초기 영어 번역이 바로 "코먼웰스"(commonwealth)였다.[2] 최근 영미 계열의 정치철학에서는 "공화정"(republic)이나 "공공 영역"(public realm)으로도 종종 번역한다.[3] 로마 시대에 국가를 "공적인 것"으로 규정하고 고대 공화정 체제를 유지하기 위해 노력한 이유는, 국가가 공동선(공공선)을 위해 존재할 때 공동의 이익(공공의 이익)이 보존된다고 생각했기 때문이었다.[4]

근대 자유주의 정치철학자들도 국가를 공동선 혹은 공공선을 위해 존재하는 것으로 이해했다. 존 로크(John Locke, 1632-1704)는 『통치론』(Two Treatises of Government, 1689)에서 우리말의 국가(國家)를 "코먼웰스"라고 규정하고 정치권력의 목적을 "공공선"(public good)이라고 규정했다.[5] 장-자크 루소(Jean-Jacques Rousseau, 1712-1778) 역시 『사회계약론』(Du

---

2　Rainer Forst, "Civil Society," in *A Companion to Contemporary Political Philosophy*, vol. 2, ed. Robert E. Goodin, Philip Pettit & Thomas Pogge, 2nd ed. (Chichester: Blackwell Publishing, 2007), 452-462 중 453.

3　Knud Haakonssen, "Republicanism," in *A Companion to Contemporary Political Philosophy*, 729-735 중 730.

4　라틴어에서 *"utilitas communis," "utilitas publica," "salus publica," "bonum commune"* 등은 같은 의미로 사용되었다. 각각 "공동의 이익", "공공의 이익"으로 사용된다. 공공의 영어권의 영향을 많이 받은 우리나라에서는 "public interest"와 "public good"을 각각 "공익" 혹은 "공공선"으로, "common good"을 "공동선"으로 주로 번역했고 이 용어들은 명확한 구분 없이 혼용되고 있다. 영어권에서도 "public"과 "common"은 자주 혼용되는 편이다. 이 책에서는 *"utilitas communis"*은 "공동의 이익"으로, *"utilitas publica"*는 "공공의 이익"으로, *"salus publica"*는 "공공의 안녕" 혹은 "공공의 유익"으로, *"bonum commune"*은 공동선으로 일괄적으로 통일했다.

5　John Locke, *Two Treatises of Government*, in *The Works of John Locke in Ten Volumes*, vol. 5 (London, 1823), II. 1. §3; 339. 『통치론』(까치 역간).

contrat social ou Principes du droit politique, 1762)에서 국가의 존재 목적이 "공동선"(*bien commun*)의 추구이며, 공동선과 "공동의 이익"(intérêt commun)을 동일한 것으로 봤다.[6]

20세기 후반부터 정치철학에서 공공성 담론이 주목을 받고 있다. 공공성이란 "개인적인 것의 성질" 즉 "사사성"(私事性)과 반대되는 개념으로 "공적인 것의 성질"을 의미한다. 사사성을 지닌 영역을 사적 영역이라고 부르듯이 공공성을 지닌 영역을 "공적 영역" 혹은 "공공 영역"이라고 부른다. 한국 사회에서 "공적 영역" 혹은 "공공 영역"은 "공론 영역", "공론장" 등의 용어들과 상호 교환적으로 사용되고 있다. 서구에서 공공성 담론은 한나 아렌트와 위르겐 하버마스(Jürgen Habermas, 1929-)의 영향을 많이 받았다. 아렌트에 따르면, 인간이 살아가는 세상은 "공적 영역"(the public realm)과 "사적 영역"(the private realm)으로 구분된다. 공적 영역은 공동체 구성원 모두에게 "공통적인 것"(the common)인 것이다. 아렌트는 "공론" 혹은 "공적"이라는 용어를 다음과 같이 세밀하게 규정한다. 첫째, "공적"이라 함은 "공중 앞에 나타나는 모든 것은 누구나 볼 수 있고 들을 수 있으며 그러므로 가능한 한 가장 폭넓은 공공성(publicity)을 가진다는 것"을 의미한다. 둘째, "공적이라는 용어는 세계가 우리 모두에게 공동의 것이고, 우리의 사적인 소유지와 구별되는 세계 그 자체를 의미한다."[7] 이러한 공공성은 공적 이해관계와 연관되어 있다.

---

6   David Lay Williams, *Roussaeur's Social Contract: An Introduction* (Cambridge, 2014), 65.

7   Hannah Arendt, *The Human Condition* (Chicago & London: The University of

주로 "공론장"으로 번역되는 하버마스의 "Öffentlichkeit"는 공공
영역(Die öffentliche Späre)인 국가와 사적 영역(Die private Späre)인 사회 사
이에서 양자를 매개하는 시민 누구에게나 열려 있는 자유로운 의사소
통의 공간을 의미한다.[8] 공론장은 중세적 신분 체제를 붕괴시킨 부르주
아 사회(bürgerlichen Gesellschaft)와 함께 등장했다. 물론 중세에도 사적 영
역으로부터 분리된 독자적 영역으로서의 공론장은 존재했지만, 중세적
공론장은 국왕이 통치권을 과시하기 위한 "과시적 공공성"(repräsentative
Öffentlichkeit)을 위한 공간이었기 때문에 근대 시민 사회를 기초로 한 공
론장과는 그 성격이 다르다. 초기 공론장은 초기 문화와 예술을 논하던
"문예적" 공간에서 이후 "여론"을 통해 "공공선"을 추구하는 정치적 공
간으로 발전해나갔다.[9] 아렌트와 하버마스의 담론은 국가(정치)와 공적
영역과의 관계에 대해서는 차이를 보인다. 예를 들어 아렌트는 하버마스
와 달리 "근대에 들어와 공적인 정치 영역이 소멸되었다"고 평가했다.[10]
하지만 공공성이 "시민 사회" 내에서 정치, 경제, 사회 등 각 분야의 열

Chicago Press, 2018), 50, 52. 『인간의 조건』(한길사 역간). 일본의 정치학자 사이토
준이치는 Arendt의 이론을 기반으로 공공성을 첫째, "국가에 관계된 공적인(official)
것이라는 의미", 둘째, "특정한 누군가가 아니라 모든 사람과 관계된 공통적인 것
(common)이라는 의미", 셋째, "누구에게나 열려 있다(open)는 의미"로 규정한다. 사
이토 준이치, 『민주적 공공성』(서울: 이음, 2009), 18.

8　독일어 "Öffentlichkeit"는 우리말에서는 "공공 영역", "공공권역", "공론 영역", "공개
　　장", "공론", "공공성" 등 번역자와 문맥에 따라 다르게 번역되고 있다.

9　Jürgen Habermas, *Der Strukturwandel der Öffentlichkeit. Untersuchungen zu einer
　　Kategorie der bürgerlichen Gesellschaft*, 14th ed. (Frankfurt a. M.; Suhrkamp, 2015),
　　56, 60, 88-90. 『공론장의 구조변동』(나남 역간).

10　Arendt, *The Human Condition*, 55.

린 공간에서 누구나 동등하게 참여할 수 있는 "공개성"(公開性)에 기초한다는 점과 공공선(공동선)의 기초가 된다는 점에서는 의견을 같이한다.

네오-파시스트들은 국가의 사유화를 통해 개인적 이익을 추구하기보다는 공동선과 공공성을 공격하여 무력화함으로써 국가 구성원 혹은 시민들이 함께 누려야 할 공적 이익을 네오-파시스트 운동을 대표하는 지도자와 그 측근들 그리고 기업 엘리트 계층들이 독점할 수 있도록 몰아간다. 따라서 건강한 사회의 구성원들이라면 공동선을 추구하고 공공성을 강화하자는 사회적 목소리에 반대하거나 공적 이익을 소수의 사회 엘리트들이 사유화하는 것을 반대할 것이다. 네오-파시즘이 득세하여 공동선이 거부되고 공공성이 파괴되면 소수 엘리트들의 사적 이익만이 확장된다. 그러므로 네오-파시스트 운동이 지지를 얻는다는 것은 그 사회가 병리적 문제를 안고 있음을 의미한다.

오늘날 한국 사회에서 활발하게 진행되고 있는 기독교 근본주의자들의 배타적인 정치 운동을 네오-기독교 파시즘의 측면에서 비판적으로 접근해야 하는 이유가 바로 여기에 있다. 이미 전광훈 사태에서 알 수 있는 바와 같이 기독교 근본주의자들이 극우 정치 세력에 종교적 정당성을 제공할 때 한국 사회에서도 네오-기독교 파시즘은 심각한 사회적 문제를 양산한다. 한국교회 내 반이슬람 운동, 반동성애 운동, 차별금지법 제정 반대 운동 등은 이미 공동선과 공공성을 무력화시키고 있다. 네오-기독교 파시스트들은 성서 문자주의를 맹신하며 편협한 성서 이해를 통해 자신들의 극우적인 정치 운동이 이상적인 사회를 가져다준다는 프로파간다에 집중한다. 네오-기독교 파시즘이 사회의 주류적 이데올로기가 되면 공동선은 거부되고 공공성은 파괴되며 사회적 약자와 소수자에 대한 극단적인 혐오와 차별이 정당화되면서 많은 이들이 한순간에 피해자가 된다. 네오-기독교 파시즘의 폭력성은 사회 구성원 모두에게 표출될 수 있다는 점에서 파시스트 운동의 지도자나 그 주변 사람들을 제외한 모든 이들이 착취의 대상으로 전락한다.

2) 권위주의적 지도자에 대한 이상화

네오-기독교 파시즘은 권위주의적 지도자를 이상화한다. 심리학에서 "이상화"(idealization)란 "긍정적인 속성을 과장하거나 사람, 장소, 사물 또는 상황과 관련된 불완전함이나 결함을 최소화하여 완벽하거나 거의 완벽하다고 간주하는 것"이다.[11] 네오-파시스트들은 자신들이 갖지 못한 것을 권위주의적 지도자가 갖고 있어 그의 모든 말과 행위가 자신들보다 낫다고 여긴다. 이들은 과거의 독재자들이 행한 권위주의적 정치 행위까지도 정당화한다. 네오-기독교 파시스트들은 독재자의 권위주의적 정치 행위에 종교적 정당성을 부여함으로써 지도자를 이상화한다. 독재는 하나님의 뜻으로 왜곡되고 독재자는 비극적인 삶의 결말마저도 영웅의 죽음처럼 미화된다. 독일 대안 정당(AfD)과 같은 네오-나치 정당을 추종하는 그리스도인들이 히틀러의 독재가 불가피한 선택이었으며 그의 죽음 역시도 불가항력적 비극이었다고 미화하는 작태가 그 전형적인 예다. 네오-기독교 파시스트들은 과거의 권위주의적 지도자를 이상

---

11   "Idealization," *APA Dictionary of Psychology*, 518.

화함으로써 유사한 권위주의를 표출하는 지도자가 오늘날에도 필요하다고 주장한다. 한국 사회에서 배타적인 기독교 정치 운동을 주도하는 기독교 근본주의자들이 과거 박정희와 전두환의 군사 독재를 미화하고 강력한 권위주의를 표출하는 정치 지도자가 오늘날에도 필요하다고 지속적으로 주장하는 것은 전형적인 네오-기독교 파시즘 현상이다.

　　네오-기독교 파시즘은 국가 혹은 민족을 대표하는 집단을 이스라엘과 같은 선민으로 규정하고 그 집단의 카리스마적 지도자를 하나님의 예언자로 받아들인다. 신적 사명을 맡은 지도자에 대한 맹목적 복종은 하나님의 뜻을 실천하는 행위로 이해된다. 네오-기독교 파시즘의 지도자에 대한 이상화는 고전적 파시즘의 "개인숭배"에 비해 강도가 약하다. 하지만 권위주의적 지도자에 대한 이상화는 고전적 파시즘의 독재자 숭배 현상이 제2차 세계대전 이후에 등장한 새로운 세계질서와 민주주의 사회 속에서 적절하게 변형된 것이므로 동일한 기제를 내재하고 있다. 따라서 사회 병리적 현상으로 네오-기독교 파시스트들의 정치 선동이 효력을 발휘하면 언제라도 개인숭배는 위력을 얻을 가능성이 높다. 최근 미국 도널드 트럼프 대통령이 조지 플로이드의 죽음으로 촉발된 대규모 인종차별 반대 시위에 연방군 투입을 공언한 후 인근 교회에서 성서를 들고 기념 사진을 촬영한 사건은 미국의 강경한 기독교 근본주의자들이 네오-파시즘과 언제라도 결합할 수 있음을 잘 보여준다.

3) 사회적 차별의 정당화

네오-기독교 파시즘은 인종차별, 성차별 등과 같은 사회적 차별을 종교적으로 정당화한다. 네오-기독교 파시즘은 편협한 종교적 관점에 의해 형성된 도덕적 가치로써 사람들을 평가하고 그 가치로부터 가장 멀리 떨어져 있다고 여기는 이들을 가상의 적으로 상정하고 모든 사회적 문제들을 그들에게 떠넘기려 한다. 대부분의 경우, 네오-기독교 파시스트들은 가상의 적으로 사회적 약자와 소수자 혹은 그와 유사한 집단(외국인, 장애인 등)을 지목한다. 이들은 사회적 기득권층이 그 도덕적 가치에 적합하지 않을 경우 그 원인을 가상의 적에게 돌린다. 인종차별, 성차별 등에 대한 종교적 정당성은 불안과 공포에 떠는 대중을 쉽게 통제하는 일종의 통치 기제로 남용된다.

네오-기독교 파시즘에서 사회적 차별 기제는 고전적 파시즘만큼 강력하게 작동하지는 않는다. 고전적 파시즘의 인종차별주의는 동일한 국가의 정체성을 공유하지 않는 외국인이나 다른 인종에 대한 혐오를 정당화하기 위해 동일한 국가의 정체성을 가진 이들에게는 그들이 동일한 권리를 누린다는 환상을 심어줌으로써 대중을 조종했다.[12] 특히 유럽 내 유대인과 집시(Gypsi), 흑인, 장애인, 성적 소수자에 대한 포괄적인 차별은 기독교 파시즘에 의해 종교적 정당성을 획득함으로써 인종 청소와 홀로코스트라는 비극을 낳았다. 이에 비해 네오-파시즘의 인종차별주의는 고전적 파시즘에 비해 그 강도가 약하다. 더구나 다양한 사회적 구성원들에 대해 동시 다발적으로 차별하기보다는 정치적 상황이나 사회적 여건에 따라 그 차별의 대상이 바뀐다. 물론 흑인이나 무슬림에 대한 차

---

12   에코, 『신문이 살아남는 방법』, 102-103.

별은 네오-기독교 파시즘에서도 중요한 역할을 한다.[13] 특히 네오-기독교 파시즘은 기독교 근본주의의 영향으로 강력한 반이슬람주의를 강조하는 경향을 보인다. 하지만 고전적 파시즘과 비교해볼 때, 인종차별의 대상이 고착화되어 있다고 보기는 어렵다.

고전적 파시즘은 권위주의적 독재자의 남성성을 절대화했기에 필연적으로 성차별적이었다. 파시즘은 극단적인 국가주의적 정책을 밀어붙이기 위해 강력한 권위주의가 필요했고 근대성을 부정하면서 형성된 중세적인 남성관을 통해 권위주의를 정당화하려 했기에 필연적으로 여성을 멸시했다.[14] 네오-기독교 파시즘도 여성에 대한 편견, 고정 관념, 전통적인 인식이나 관행, 언어적 관습을 강화하는 이데올로기를 내포하고 있다. 또한 가부장제나 남성의 지배를 정당화한다. 하지만 네오-기독교 파시즘의 성차별은 일종의 "젠더리즘"(genderism)에 가깝다. 젠더리즘이란 역사적으로 두 종류의 사회적 성별, 즉 젠더(gender)만이 존재했고 이 세상에는 그 두 성별만이 존재한다고 믿는 신념 체계를 의미한다.[15] 그것은 전부 혹은 대부분의 성정체성이 출생 시 정해진 성별과 필연적으로 연결되어 있다고 본다. 또한 젠더리즘은 사람들의 성별에 기초하여 그들을 판단하고 전통적인 성별 이분법의 바깥에 있는 사람들을 병리학적으로 다룬다. 따라서 그것은 전통적인 성별과 일치하지 않는 사람들에 대

---

13   Gross, *Friendly Fascism*, 344.

14   Michel, *Les Fascismes*, 10.

15   Genny Beemyn & Susan Rankin, *The Lives of Transgender People* (New York: Columbia University Press, 2011), 89.

한 편견과 차별을 유발한다.[16] 네오-기독교 파시즘은 권위주의적 지도자의 남성성을 약화시킨다는 편견으로 인해 성소수자의 존재를 혐오한다. 이러한 측면에서 젠더주의는 네오-기독교 파시즘을 유지하기 위한 필연적인 이데올로기다.

네오-파시즘의 등장에서 알 수 있듯이 고전적 파시즘은 분명 무너졌지만 파시즘의 차별 기제는 그 모습을 바꾸어 끊임없이 되살아나고 있다.[17] 급박하게 변화하는 불안한 현실은 현대인들이 수시로 자기 정당성을 상실할 위기에 직면하게 만든다. 이 위기 의식은 타자에 대한 차별을 정당화함으로써 자기 정체성을 지키려는 욕구로 종종 변질된다. 따라서 현대인들이 집단적으로 자기 정체성의 위기를 겪을 때, 권위주의와 차별 기제는 사회적 심리를 왜곡한다. 바로 그곳에서 네오-파시즘은 언제나 강력한 지배 이데올로기로 부상한다. 그리스도인들이 파시즘의 권위주의와 차별 기제의 부정적 영향력을 인식하지 못한 채 사회심리학적 왜곡에 자신을 내어 맡길 때 현대 사회에서 네오-기독교 파시즘은 기독교를 몰락으로 이끌고 시민 사회를 궤멸시킨다. 그러므로 반이슬람 운동이나 반동성애 운동, 차별금지법 제정 반대 운동 등을 주도하는 기독교 근본주의자들이 사회적 약자와 소수자에 대한 공감을 죄악시하고 자신들의 주장에 반대하는 그리스도인들을 향해 무차별적인 언어폭력을 가

---

16 Darryl B. Hill, "Genderism, Transphobia, and Gender Bashing: A Framework for Interpreting Anti-Transgender Violence," in *Understanding and Dealing with Violence: A Multicultural Approach*, ed. B. Wallace & R. Carter (Thousand Oaks, CA: Sage, 2002), 113-136.

17 Michel, *Les Fascismes*, 125.

하는 행위에 대해 일종의 종교 병리적 관점에서 접근해야 한다.

4) 군사주의의 미화

네오-기독교 파시즘은 군사주의를 미화한다. 미국의 기독교 근본주의자들에 의해 주도된 번영신학은 자국의 이익을 위해 군사적 조치를 취하는 것에 대해 긍정적이다.[18] 이는 기독교 근본주의가 내포하고 있는 이분법적 흑백 논리의 영향 때문이었다. 칼 슈미트(Carl Schmitt, 1888-1985)는 "정치적인 것"(Das Politische)의 판단 기준을 "동지와 적의 구별"(die Unterscheidung von Freund und Feind)이라고 보았다.[19] 슈미트가 국가적인 것과 정치적인 것을 동일시하는 사유를 반대하며 제시한 "동지와 적의 사유"(Freund-Feind-Denken)는 결국 전쟁을 위한 인식론적인 기초였다.[20] 결국 "동지와 적의 사유"는 자유주의적 정치윤리를 거부하며 그 대안으로서 현대 사회 속 독재 체제를 정당화했다.[21] 네오-기독교 파시즘의 군사주의에 대한 미화는 두 가지 측면에서 살펴볼 필요가 있다.

먼저 군사주의의 미화는 종교적 선악 이분법이 정치적 영역에 적용될 때 발생하는 일종의 왜곡 현상이다. 과거 기독교 근본주의가 서구 제국주의와 결합할 때의 신학적 논리는 오늘날에는 우파적 정치 세력과

---

18   Hedges, *American Fascists*, 133.

19   Carl Schmitt, *Der Begriff des Politischen. Text von 1932 mit einem Vorwort und drei Corollarien,* 9th revised ed. (Berlin: Duncker & Humblot, 2015). 25. 『정치적인 것의 개념』(살림 역간).

20   Schmitt, *Der Begriff des Politischen*, 34.

21   Carl Schmitt, *Politische Theologie. Vier Kapitel zur Lehre von der Souveränität*, 10th ed.

결탁할 때에도 동일하게 적용된다.[22] 미국의 네오콘(neocon, 신보수주의자)이 그 대표적인 예다. 미국 내 기독교 근본주의가 팍스 아메리카나(*pax americana*)로 대표되는 군사주의적 확장주의 정책에 쉽게 동조하는 이유는 "선은 악에 저항한다"는 선교 사명의 모범을 정치적 영역에 그대로 적용했기 때문이다. 신학적 명제의 잘못된 적용은 기독교적 가치를 전파한다는 명목을 앞세워 다른 나라에 대한 군사적 혹은 물리적 폭력을 종교적으로 정당화하는 역할을 감당했다. 집권 세력의 우파적인 성향이 강할수록 국가의 상위 영역에서 수행되는 정책은 기독교 근본주의자들의 열렬한 지지를 받는다.[23]

정치적 영역에서 기독교 근본주의와 극우 정치 세력의 결탁은 자신들을 지지하지 않는 모든 사람과 정치 세력을 악 혹은 적대적 타자로 규정함으로써 이들에 대한 차별과 혐오를 부추기는 부작용을 낳는다. 특히 네오-기독교 파시스트들은 군사주의를 악에 저항하는 선의 힘으로 미화한다. 기독교 근본주의의 이분법적 흑백 논리가 정치적 영역으로 확장될 때 군사주의의 문제가 종종 발생하는 이유가 바로 여기에 있다. 미국 대통령 조지 W. 부시(George W. Bush, 1946-)는 종교적인 선악 이분법과 "동지와 적의 사유"를 결합하여 자신의 정치적 영향력을 확대하려고 한 전형적인 경우다.[24] 이러한 근본주의적 사고방식 속에서 적과의 대화나

(Berlin: Duncker & Humblot, 2015), 69. 『정치신학』(그린비 역간).

22   조너선 색스, 『차이의 존중: 문명의 충돌을 넘어서』(서울: 말글빛냄, 2007), 69.

23   Röhrich, *Die Macht der Religionen*, 61-62.

24   Röhrich, *Die Macht der Religionen*, 13.

공존 혹은 긍정적 관계는 종교적 죄악으로 여겨진다. 근본주의자들은 자신들을 항상 "선"으로 정립하며, 자신들의 가르침을 수용하지 못하거나 비판하는 이들을 "악"으로 정립한다. 근본주의자들이 사회적·정치적 영역에서 폭력성을 쉽게 표출하는 이유는 악으로 정립된 대상에 대한 폭력은 죄악이 아니라 "악에 저항하는 행위"로 여겨지기 때문이다. 따라서 기독교 근본주의와 네오-파시즘이 결탁하여 네오-기독교 파시즘이 형성되면 군사주의는 "악에 대한 적극적 저항"으로 미화된다.

둘째, 군사주의의 미화는 기독교 근본주의의 복음에 대한 편협한 인식이 만들어낸 결과물이다. 기독교 근본주의자들은 자신들의 규칙이 모든 사람과 모든 삶의 영역에 적용될 수 있다는 왜곡된 확신을 갖고 있다. 그들은 교회와 국가 또는 삶의 공적 영역과 사적 영역의 분리가 있을 수 없고 그 종교적 규칙에 대한 독점권도 자신들에게 있다고 믿는다.[25] 따라서 기독교 근본주의자들은 사회 전반에 기독교 규율을 실현하는 것이 복음의 실천이라고 믿는다. 하지만 이들이 주장하는 기독교 규율은 근대 시민 사회의 등장 이전에 형성된 것들이며 "신정 일치 국가"(theocracy state)에서나 가능한 것들이다. 기독교 근본주의자들은 자신들의 가치가 민주주의 사회에서는 실현될 수 없다는 것을 알기에 네오-파시즘과 결탁함으로써 물리적 압력이나 군사적 폭력에 의존하여 민주주의 체제를 변형시키려는 유혹에 쉽게 매료된다.

물론 혁명적 이슬람주의자들처럼 근본주의와 군사주의의 결탁이

---

25   Loehr, *America Fascism and God*, 39.

기독교만의 문제는 아니다. 하지만 건강한 그리스도인이라면 이슬람 원리주의의 군사주의를 비판하기 전에 우리 안의 군사주의에 대한 비판에 더 관심을 기울여야 한다. 특히 한국의 기독교 근본주의자들은 남북문제와 관련하여 제한적으로 군사주의를 미화한다. 이는 한반도 통일을 가로막는 매우 심각한 걸림돌이다.

5) 정치 선전 도구로서 반공주의

21세기를 20년이나 보낸 이 시점에서도 네오-기독교 파시즘은 편집증적 반공주의를 부추긴다. 과거 기독교 파시즘은 자본주의의 신격화의 부정적인 영향으로 현실 자본주의에 대한 비판을 종교적 죄악으로 규정했다. 고전적 파시즘에서 스탈린주의를 제외하고 서구에서 발생했던 파시즘은 대부분 반공주의를 필수적인 정치 운동의 동력으로 삼았다. 하지만 스탈린주의는 반공주의의 논리적 구조와 동일한 방식으로 "자본주의 타도"를 외쳤다.

　이탈리아에서 초기 파시즘은 "기존의 보수주의와 좌파에 대한 적대감"과 함께 연결되어 있던 극단적 국가주의를 지향했던 정치적 운동에서 출발했다.[26] 독일에서 나치즘은 스스로를 공산주의에 대항하는 최상의 무기로 내세우면서 독일 국민들의 지지를 얻었다.[27] 모든 종류의 파시즘은 시민 사회가 건강할 경우, 지지를 얻을 수 없다. 따라서 파시즘은

26　Passmore, *Fascism*, 10.

27　Michel, *Les Fascismes*. 9.

언제나 가상의 적을 만들어 사회적 혼란을 조장하며 세력을 확장한다. 편집증적 반공주의는 자본주의 사회에서 언제나 파시즘의 가장 효과적인 선동 도구다. 오늘날에도 네오-기독교 파시스트들은 편집증적 반공주의를 적극적으로 활용한다. 물론 한국 사회의 경우, 그 영향력이 과거와 같이 막강하지는 않다. 하지만 여전히 한국의 기독교 근본주의자들은 정치적 영역에서 극우 정치 세력을 지지하면서 북한을 악마화하는 한편, 현실 자본주의를 비판하는 학자들을 향해 "빨갱이"니 "공산주의자"니 부르면서 낙인찍기를 계속하고 있다. 그러므로 한국교회 내에서 편집증적 반공주의에 대한 비판의 목소리가 사라지면 다양한 종교적·사회적 병리 현상은 심화되고 결국 네오-기독교 파시즘이 부상한다.

2. 한국교회와 기독교 파시즘

킴볼은 종교의 타락을 비판하면서 다음과 같이 주장했다. "종교인들이 하나님을 사랑하는 마음을 가져야 한다고 말하거나 종교적 의무에 대해 뭐라고 말하든 간에, 다른 이들에 대한 그들의 행동이 폭력적이고 파괴적이라면, 그리고 그것이 이웃들 사이에서 고통을 야기한다면, 당신은 종교가 타락했고 개혁이 절실히 필요하다고 확신해도 된다."[28] 하나님 나라는 권력을 통한 억압이 아닌 섬김(*diakonia*)을 통해, 타자에 대한 차

28　　Kimball, *When Religion Becomes Evil*, 47.

별이 아닌 이웃에 대한 사랑을 통해 완성되어간다. 하나님 나라는 "단일한" 혹은 "특정한" 정치 체제가 아니지만 왜곡된 현실의 정치 체제를 바꾸는 변혁적 힘을 갖고 있다. 왜냐하면 하나님 나라는 현실 속에서 현재보다 더 나은 그리고 더욱 인간적인 공동체를 지향하기 때문이다. 따라서 이러한 하나님 나라 속에 권위주의와 차별 기제가 들어올 자리는 없다. 이에 반해 파시즘은 권위주의적 정치 체제를 지향하며 차별 기제가 없이는 작동하지 않는다. 모든 종류의 파시스트 운동은 국수주의와 독재를 미화하며 파시스트 독재자의 이익을 인간에 대한 존중과 인간다움에 대한 가치보다 우위에 둔다.

오늘날 극우적인 기독교 정치 운동을 주도하는 이들은 한국교회 몰락의 원인을 이민자와 성소수자 그리고 무슬림과 같은 이들에게 돌린다. 그들은 가상의 적으로 상정된 이들에 대한 차별을 종교적으로 정당화함으로써 폭력적인 공격성을 표출한다. 하지만 한국교회의 몰락은 외부의 적이 아니라 교회 내부의 윤리적 부패에서 기인한다. 한국교회는 이미 네오-기독교 파시즘의 병리적 증상을 보이고 있다. 코로나19사태를 심화시킨 전광훈과 사랑제일교회 사태는 네오-기독교 파시즘에 저항하지 않을 때 한국 사회가 겪게 될 위기를 잘 보여준다.

한국교회가 지금이라도 처절하게 반성하고 기독교 파시즘에 맞서지 않는다면 한국교회의 몰락은 우려가 아니라 현실이 될 것이다. 파시즘은 어느 날 갑자기 등장하지 않는다. 타자를 배려하며 양심의 자유에 대해 고민하는 이들이 개인적 차원에서만 윤리적으로 살고자 한다면 네오-파시즘의 기제는 민주주의를 변질시킬 것이다. 오늘날 한국의 기독교 근본주의자들은 예언자적 역할을 망각한 채 극우적인 정치권력과 결탁하여 국수주의적 프로파간다에 집중하고 있다. 하나님 나라의 가치를 추구하는 그리스도인이라면 이러한 현실을 마땅히 비판해야 한다. 이웃 사랑과 섬김이 없는 극우적인 기독교 정치 운동은 그저 네오-기독교 파시스트 운동의 한 변종일 뿐이다. 이웃에 대한 섬김은 사적 영역뿐 아니라 정치적 영역에서도 반드시 실천되어야 할 기독교의 가치다.

제5부

정치와 디아코니아

정교분리는 근대 국가의 출발점이다. 미국 수정 헌법 제1조에는 다음과 같은 문구가 있다. "연방의회는 종교 설립에 관한 것이거나 자유로운 종교행사를 금지하는 어떤 법률도 제정해서는 안 된다."[1] 여기서 말하는 종교는 "국교"(state religion)를 의미한다. 근대적 의미의 정교분리는 국교나 국교와 같은 역할을 하는 정치적 종교를 막기 위한 원칙이었다. 신학적 측면에서 정교분리는 어떤 단일한 교회도 정부를 지배해서는 안 되며, 종교적 회원 자격이 시민으로서 자신의 권리에 긍정적으로나 부정적으로 영향을 끼쳐서는 안 되도록 하는 것이 목적이었다.[2] 따라서 근대적 정교분리는 그리스도인의 정치 참여를 반대하지 않는다. 왜냐하면 그리스도인의 정치 참여란 그리스도인으로서 대통령이나 국회의원과 같은

---

1   미국 수정 헌법 제1조의 전체 내용은 다음과 같다. "Congress shall make no law respecting an establishment of religion, or prohibiting the free exercise thereof; or the right of the people peaceably to assemble, and to petition the Government for a redress of grievances."

2   Max L. Stackhouse, *Globalization and Grace, God and Globalization*, vol. 4 (New York: The Continuum International Publishing Group, 2007), 98-99.

공직에 나아가는 것만을 의미하지 않기 때문이다. 시민으로서 투표권을 행사하고 공론장에 참여하거나 공동선(공공선)을 위해 협력하는 것도 일종의 정치 참여다. 따라서 그리스도인의 정치 참여는 그리스도인의 삶과 아무런 관계가 없는 세속적인 담론이 아니라 교회가 분명한 방향과 기준선을 제시해주어야 하는 기독교 윤리의 문제다.

　　과거 한국의 기독교 근본주의자들은 외적으로 교회와 국가 사이의 차이를 강조하며 엄격한 정교분리를 외쳤다. 하지만 그들은 개발 독재 이데올로기를 가장 적극적으로 받아들였다. 오히려 형식상 정교분리는 그리스도인들이 군사 독재를 거부감 없이 받아들이고 민주화를 위한 저항을 반기독교적 행위로 매도하도록 이끌었다. 1970-80년대에 기독교 근본주의자들은 군사 독재 세력의 직·간접적인 지원을 받아 급속한 양적 성장을 이루었다. 더구나 개발 독재 이데올로기는 미국의 번영신학과 결탁하여 한국적 번영신학을 양산했다. 이처럼 과거 한국교회의 엄격한 정교분리는 그 취지와는 정반대로 교회의 정치화와 교회의 이익 집단화를 이끌었다. 그것은 종교적 영역을 넘어 공적 영역에까지 부정적인 영향력을 끼치고 있다. 이는 냉전 시대 한국교회가 그리스도인의 정치 참여에 대한 제대로 된 논의를 진행시키기 못한 상태에서 한국 사회의 민주화를 경험했기 때문이다. 한국교회는 여전히 정치의식에 있어 미성숙함에서 벗어나지 못하고 있다. 태극기 집회와 전광훈 그리고 사랑제일교회 사태는 이를 분명하게 보여준다. 한국교회는 권위주의와 차별 기제의 문제를 안고 있고 종교 중독과 기독교 근본주의 그리고 기독교 파시즘의 막대한 영향 아래에 있다. 따라서 한국교회는 그리스도인의 정치 참여와 정치적 영역에서 섬기는 자로서의 사명에 대한 신학적 담론을 살펴봄으로써 현재 직면해 있는 문제들을 해결하기 위한 첫걸음을 시작해야 한다.

그리스도인의 정치 참여

지금까지 한국교회는 그리스도인의 정치 참여에 대한 담론을 제대로 진행시키지 못했다. 해방신학과 민중신학은 "가난한 자"와 "민중의 해방"이라는 관점에 집중했지, 민주주의 사회를 위한, 공동선을 위한, 공공성을 위한 그리스도인의 책임에 대해서는 관심을 보이지 않았다. 따라서 이번 장에서는 파시스트 운동에 대한 그리스도인의 저항과 민주주의 사회에서의 그리스도인의 정치적 책임에 대한 신학적 담론에 대해 살펴볼 것이다.

1. 공동선(공공선)에 대한 그리스도인의 책임

1) 종교개혁 이전

그리스도인에게 윤리적 삶이란 기독교 신앙에 기초하여 성서가 제시하는 선과 악의 기준에 따라 실천하는 삶을 의미한다. 종교개혁 이후부터 그리스도인의 "선한 행위"(*bona opera*)는 신앙의 표현이었다. 성서는 우리에게 그리스도의 삶을 닮아가기 위해 끊임없이 노력할 것을 요구한다(빌 3:13-16). 그리스도를 닮기 원하는 욕망, 즉 모방 욕망은 기독교의 본질을 구성하고 있다.[1] 이 욕망은 종교적 영역뿐 아니라 사회적·정치적 영역에서도 동일하게 발산된다. 그렇기에 국가에 대한 교회의 책임 혹은 세상에 대한 그리스도인의 책임은 초기 교회에서부터 중요한 신학적 주제였다. 바울은 그리스도인이 국가의 공적 권위를 인정하고 시민으로서 그 책임을 다해야 한다고 가르쳤다. 이를 위해 그리스도인은 "모든 자에게 줄 것을 주되 조세를 받을 자에게 조세를 바치고 관세를 받을 자에게 관세를 바치고 두려워할 자를 두려워하며 존경할 자를 존경"해야 한다 (롬 13:7). 또한 국가와 위정자들을 위해서 기도해야 한다(딤전 2:2). 신약성서의 다른 서신에서도 그리스도인은 종교가 다르거나 불신자라 해도 정당하고 합법적인 권위를 인정해야 한다고 가르치고 있다(벧전 2:13-16). 그리스도인은 사회 제도나 국가 체제 안에 존재하는 한, 시민으로서 공적 책임 혹은 국가의 의무를 감당해야 한다.

그리스도인의 공적 책임에 대한 담론은 국가를 "공적인 것"으로 이해했던 로마 제국의 전통으로 인해 교부 시대부터 공동선(공공선)과 공익을 중심으로 발전했다.[2] 히포의 아우렐리우스 아우구스티누스(Aurelius

---

1   르네 지라르, 『낭만적 거짓과 소설적 진실』(서울: 한길사, 2001), 41.
2   Platon, *Der Staat* (München: DTV, 2010), 308-309. 『플라톤의 국가(政體)』(서광사 역간).

Augustinus Hipponensis, 354-430)에 따르면, 이 땅의 모든 인간은 하나님의 도성과 인간의 도성 중 하나에 속한다.[3] 그리스도인은 하나님의 도성에 속한 자이지만 이 땅에서 살아가는 한, 전쟁의 비극에서 자유롭지 못하다. 전쟁으로 인해 발생하는 악들을 생각하며 고통을 느끼는 사람은 그것이 불행임을 기억해야 한다. 반면 이런 악들을 생각해도 마음이 아프지 않거나 마음에 고통을 느끼지 않고 견디는 사람은 인간으로서의 느낌을 잃어버린 사람이다.[4] 따라서 그리스도인은 전쟁으로 인해 발생하는 악들을 생각할 때 고통을 느껴야 하며 전쟁을 막고 평화를 만들려고 노력해야 할 의무가 있다. 아우구스티누스의 가르침은 이후 중세를 거치면서 인간이 가진 사회적 본성으로 인해 국가와 같은 정치 체제가 필요하고 사회 구성원들의 협력을 통해 공동선을 증진하는 것이 국가의 핵심 기능이라는 신학적 담론을 발전시켰다.

2) 마르틴 루터

마르틴 루터(Martin Luther, 1483-1546)는 공동선에 대한 그리스도인의 책임을 종교개혁의 정신 속에서 재해석했다. 물론 루터의 "두 왕국 이론"(Die lutherische Zwei-Reiche-Lehre)은 20세기에 나치당에 대한 독일 루터파 교회의 명확하지 않은 태도로 인해 많은 비판을 받았다. 하지만 루터는 하나님(그리스도)의 왕국과 세상의 왕국을 구분하려는 것이었지 분

---

3   Augustinus, *De civitate dei*, 10. 1(이후 *De civ. dei*로 인용함). 『신국론』(분도출판사 역간).

4   *De civ. dei*, 19. 7.

리시키려는 것이 아니었다.

루터에 따르면, 모든 인간은 하나님의 왕국과 세상의 왕국 중 하나에 속한다. 하나님의 왕국에서 그리스도는 왕이자 주인이기에 하나님의 왕국에 속하는 자들은 "그리스도 안에서 그리고 그리스도 아래에서"(in Christus und unter Christus) 진정으로 믿는 자들이다. 만약 온 세상이 온전한 그리스도인들, 즉 진실한 그리스도인들로 구성되어 있다면 하나님의 왕국에 속한 이들은 세상의 칼이나 법이 필요치 않을 것이며 제후나 왕, 주인도 쓸모가 없을 것이다. 하지만 그리스도인은 비그리스도인들과 함께 이 세상에서 살고 있다. 비그리스도인들은 세상의 왕국에 속하며 율법 아래에 있다. 법과 칼은 이웃으로서 비그리스도인들에게 유익하고 필요하다. 칼은 세상에서 평화를 유지하고, 죄를 벌하며, 악을 방지하기에 크게 유익하다. 그리스도인들이 세속의 칼을 지녔다면 그리스도인은 이웃을 위해 일을 해야지 자신의 복수나 유익을 위해 그것을 사용해서는 안 된다. 왜냐하면 그 칼은 타인의 안녕과 질서를 위한 것이기 때문이다.[5] 그리스도인은 세상의 왕국이 자신의 사명을 감당할 수 있도록 하나님의 조력자로서 참여해야 하며 공적 직분을 통해 법이나 권력과 관련된 의무들을 감당해야 한다. 이는 대부분의 공동선의 문제와 연관되어 있다.

루터는 공동선의 문제를 직업 윤리에서도 풀어냈다. 루터는 공로주

---

5   Martin Luther, "Von weltlicher Obrigkeit. Wie weit man ihr Gehorsam schuldig sein (1523)," *WA* 11, 245-280 중 249-255.

의(혹은 보상주의)에 기인한 선행을 반대했으나 그리스도인이 이 세상에서 살아가면서 하나님의 계명, 즉 십계명에 기초하여 선한 행위를 해야 한다고 생각했다. 다시 말해 신앙 자체가 그리스도인에게 있어 최고의 선행이지만 그리스도인은 신앙에 근거한 선행도 실천해야 한다. 루터는 그리스도인의 개인적인 구제나 교회의 자선뿐 아니라 그리스도인들의 직업 활동과 공공복리를 위한 행위도 하나의 선행으로 보았다.[6] 그리스도인은 일상의 직업과 노동을 통해 자기 자신의 경제적 유익이나 가족에 대한 책임을 다할 뿐 아니라 공동선도 추구해야 한다.

3) 장 칼뱅

루터가 종교개혁 시대 교회의 공적 책임에 대한 담론을 시작했다면, 장 칼뱅(Jean Calvin, 1509-1564)은 이를 보다 조직적이면서도 일관되게 정립했다. 칼뱅에 따르면, 인간은 타락 이후에도 하나님의 일반 은총으로 인해 지적인 이해력을 가지고 있다.[7] 하나님은 "인류의 공공선"(*publicum generis humani bonum*)을 위해 그분이 원하시는 누구에게나 인류를 향한 성령의 가장 탁월한 혜택들을 나누어주신다.[8] 따라서 칼뱅은 율법과 세속 정부의 역할을 공공선의 입장에서 긍정적으로 묘사한다.

칼뱅에 따르면, 복음을 통해 하나님의 백성이 된 그리스도인에게도 율법은 여전히 세 가지 기능을 한다. 첫째, "율법은 하나님의 의ㅡ하나

---

6   Martin Luther, "Sermon von den guten Werken (1520)," *WA* 6, 204-276.

7   *Institutio*, 2.2.15. *CR* 30, 198.

8   *Institutio*, 2.2.16. *CR* 30, 199.

님께서 유일하게 받아주시는 의—를 보여주는 한편 각 사람에게 그 자신의 불의함에 대해 경고하고 알려주며 깨우치고 정죄한다." 율법의 두 번째 기능은 "올바르고 공정한 것에 대해 전혀 관심이 없는 자들에게 율법에 있는 무서운 위협(diras)을 들음으로써 형벌에 대해 두려움을 느끼게 하여 억제시키는 것이다." 셋째, 율법은 중생한 그리스도인들에게 가르침(doctrina)과 권고를 준다.[9] 칼뱅은 율법의 두 번째 용법이 그리스도인들의 공적 책임을 분명하게 밝힌다고 설명한다.

칼뱅은 하나님의 절대주권을 기반으로 교회의 영적 권위와 책임을 먼저 강조한다. 교회의 공적 책임은 교회의 영적 권위라는 기반 위에서 의미를 가진다. 칼뱅에 따르면, 인간은 영적 통치와 국가 통치라는 "이중적인 통치" 아래 있다. 그리스도의 영적 나라와 세속적인 통치 질서는 분명 다르지만 정부가 하는 역할은 우리의 생명을 유지하는 물질이나 주변 환경과 비교해도 결코 부족하지 않다. 정부는 "우상을 숭배하거나 하나님의 이름을 모독하거나 하나님의 진리를 훼방하는 일을 못하도록 막아주고, 신앙을 거스르는 그 밖의 공적인 범죄들이 사람들 가운데서 생기거나 퍼지지 않게 하며, 공적인 평화를 혼란으로부터 지킨다."[10] 이처럼 하나님의 절대주권 속에서 교회와 국가 혹은 영적인 정부와 세속적 정부는 공존하고 협력한다. 그리스도인은 세속 정부가 사익이 아니라 공익을 위해 존재하도록 노력해야 한다.[11]

9　*Institutio*, 2.7.6; 2.7.10; 2.7.12. *CR* 30, 257-258; 260-262.

10　*Institutio*, 4.20.1; 4.20.3. *CR* 30, 1092-1093; 1094-1095.

11　*Institutio*, 3.7.5. *CR* 30, 509-10.

4) 아브라함 카이퍼

아브라함 카이퍼(Abraham Kuyper, 1837-1920)는 칼뱅의 "영역주권" 사상을 발전시켜 그리스도인의 신앙이 인간의 전 영역에서 실천되어야 함을 강조했다. 카이퍼에 따르면, "모든 주권은 하나님으로부터" 오며, 그분의 주권은 "정치적 분야만이 아니라 모든 영역으로 흘러간다."[12] 따라서 그리스도인은 인간의 모든 영역 속에서 하나님의 영광을 구체적으로 실현해야 한다. 카이퍼는 그중에서도 국가를 중요하게 생각했다. 그의 일반은총론에 따르면, 하나님은 교회의 주인이실 뿐 아니라 국가의 주인이시기도 하다. 국가는 죄가 사회의 정의를 무너뜨리는 것을 방지하고 하나님께서 창조하신 창조세계의 질서를 회복하기 위해 하나님으로부터 통치권을 위임받았다. 국가가 이것을 망각한 채 인간관계에 있어 "가장 높고 부요하며 완벽한 이념"이 되고자 시도하고 자아를 가진 "신비한 존재로 간주"되어 자신의 의지를 지속적으로 관철시키려 할 때, 국가의 주권은 점차 하나님의 뜻을 벗어나고 국가는 "사실상 하나님"이 된다. 절대적 존재가 되려는 "정치권력의 모든 시도는 하나님의 법을 위반"하는 것이므로 이에 저항하는 것은 "범죄가 아니라 반드시 해야만 하는" 그리스도인의 "의무"에 속한다.[13] 카이퍼의 담론에서 국가는 사회의 정의와 창조세계의 질서 회복이라는 공동선을 위해 주어진 일반은총의 한 부분이다. 따라서 공동선을 추구하는 것은 사회 구성원과 대표자의 책임이며

---

12 아브라함 카이퍼, 『정치강령』(서울: 새물결플러스, 2018), 58-60.
13 카이퍼, 『정치강령』, 62.

공공선을 저해하는 독재자에 저항하는 것이나 권한을 제한하는 것은 그리스도인의 책임이다.

5) 맥스 L. 스택하우스

맥스 L. 스택하우스(Max L. Stackhouse, 1935-)는 "공공신학"(the public theology)이라는 용어를 통해 복음의 공공성에 대한 신학적 담론을 보다 새로운 차원으로 발전시켰다. 스택하우스에 따르면, 교회의 공공성은 복음의 공공성에 기초하며, 이로 인해 교회는 개인적인 문제들뿐 아니라 공공 영역의 문제들, 특히 정치·사회·공동체의 문제들을 해결할 수 있는 방향을 제시할 수 있어야 한다. 교회의 공공성이 확장되려면, 교회는 시민 사회와 협력해야 한다. 왜냐하면 세계화(globalization)는 "새로운 형태의 시민 사회의 가능성을 보여주는 세계적인 인프라의 성장을 수반하는 문명의 전환을" 가져올 수 있으며 이를 통해 "이전의 모든 민족적·인종적·정치적·경제적·문화적 정황을 포괄하는" 범세계주의적(cosmopolitan) 인류 공동체에 가까이 다가설 수 있기 때문이다. 스택하우스는 세계화의 변화와 함께 교회가 신학적 담론을 확장해야 한다고 보았다.

물론 신자유주의 체제의 붕괴가 시작된 지도 10년이 훨씬 지났다. 현재의 시점에서 보면 스택하우스의 세계화 담론은 제국주의에 대한 비판적 고찰을 담고 있음에도 불구하고 세계화가 가져올 문제를 충분히 인식하지 못한 측면이 있다. 하지만 공공신학 담론을 통해 "개인적인 덕과 경건뿐만 아니라 사회 정의, 공동 삶의 번성 그리고 공적 트렌드가 제시하는 목표가 암시하는 수준 있는 결과들을 위한 실제 구조와 가능한 방안들과의 영속적인 관련성을 위해 무엇이 옳고 좋은지를 식별하고자" 한 그의 방향은 결코 틀리지 않았다.[14] 또한 교회가 "공동선"을 위한 중요한 쟁점들을 취급하는 진정한 공적인 담론의 장으로 인정받지 못하는 현실을 비판하고 공공신학을 통해 이를 극복하려고 한 스택하우스의 담론은 제대로 된 평가를 받아야 한다. 스택하우스에 따르면, 사회의 각 영역이 공동선을 위해 시민 사회의 "정사들"(principalities)과 "권세들"(authorities)을 윤리적으로 제어하고 안내하며 지도하고 이를 잘 수행하는 것은 특별히 전문인들의 신성한 직무라는 의미에서 신학적이다. 더구나 하나님의 두 번째 은총인 "섭리"는 공동선 개념의 회복과 연결되어 있다.[15] 스택하우스의 담론은 왜곡된 교회와 국가의 관계를 바르게 정립하고 공동선을 위한 교회의 공적 책임을 상기시키는 데 유익하다.

2. 파시즘에 대한 저항과 민주적 다양성

1) 정치적 예배와 그리스도인의 정치 참여

"정치적 예배"(Politischer Gottesdienst)라는 용어는 칼 바르트(Karl Barth, 1886-1968)가 1936-38년 영국 아버딘(Aberdeen)에서 스코틀랜드 신

---

14 Stackhouse, *Globalization and Grace*, 2, 81.

15 Stackhouse, *Globalization and Grace*, 96, 104, 162.

앙고백서(1560년)에 대해 강의한 20개의 기포드 강연(Gifford-Lectures)

에서 처음 등장한다.[16] 1933년 당시 독일에서 나치당(NSDAP)이 국회

를 해산하고 절대 권력을 획득하며, "독일개신교회"연합회(Die Deutsche

Evangelische Kirche: DEK)가 나치당을 지지하던 "독일 그리스도인"(Die

Deutschen Christen: DC)운동의 추종자들에 의해 점령당하자, 바르트는

"고백교회"(Die Bekennende Kirche: BK)를 결성하여 저항했다. 하지만 당

시 독일 교회의 주류 세력은 나치에 저항하는 BK 소속 목사들의 행동을

예배의 왜곡으로 규정하고 비판했다.[17] 바르트는 이를 반대하며 파시즘

에 대한 저항을 배경으로 정치적 예배 개념을 발전시켰다.

  바르트는 스코틀랜드 신앙고백서 제24조와 관련된 기포드 강연의

19번째 주제에 "정치적 예배"(Der politische Gottesdienst)라는 제목을 붙였

다. 그는 정치적 문제를 예배의 관점에서 접근하는 정치적 예배라는 제

---

16 Barth는 20개의 기포드 강연을 통해 스코틀랜드 신앙고백서에 대한 역사적 분석
보다는 신학적 해석, 즉 "비판적이면서 생산적인 반복"(eine kritisch-produktive
Wiederholung)을 시도했다. 그는 이를 통해 스코틀랜드 신앙고백의 동시대적 의미
를 발견하려고 했다. Karl Barth, *Gotteserkenntnis und Gottesdienst nach reformatorischer
Lehre: 20 Vorlesungen (Gifford-Lectures) über das Schottische Bekenntnis von 1560 gehalten
an der Universität Aberdeen* (Zürich: EBZ, 1938), 6.

17 나치의 "획일화정책"(Gleichschaltungspolitik)을 위해 1934년 1월 4일 나치에 협
력하고 있었던 제국주교(Reichbischof)는 나치에 저항하는 이들을 향해 다음과 같
이 비판했다. "예배는 오로지 순수한 복음의 선포를 위해서만 드려져야 한다. 교회 정
치를 위한 논쟁들을 위해 예배가 남용되는 것은 어떤 형태로든 일어나서는 안 된다."
Joachim Beckmann, "Der Weg zur Bekenntnissynode der Deutschen Evangelischen
Kirche in Barmen 1934," in *Die Barmer Theologische Erklärung. Einführung und
Dokumentatio*ned. Alfred Burgsmüller and Rudolf Weth (Neukirchen-Vluyn:
Neukirchener Verlag, 1983), 11-21 중 13.

목이 "이상하면서 부자연스럽게" 들릴 수 있음을 알았지만 그것을 가장 적합한 것으로 여겼다. 그에 따르면, 종교개혁가들의 가르침은 세 가지 영역에서 드리는 세 가지 예배에 대해 이야기한다. 그리스도인은 첫 번째 영역에서 삶의 예배를 드리고, 두 번째 영역에서는 예전 중심의 교회 예배를 드리며, 세 번째 영역에서는 정치적 예배를 드린다. 이 세 번째 영역은 일상생활이나 교회 생활이 이루어지는 영역과는 구분되는 세상 속의 한 영역으로 아직은 그리스도의 통치가 이루어지지 않은 정치 영역이다.[18]

바르트는 삶을 통해 예배를 드리는 그리스도인이라면 삶의 정치 영역에서도 삶의 예배를 드려야 한다고 주장했다. 국가는 하나님으로부터 넘겨받은 자신의 사명이 있으며 그 사명은 법치, 평화 그리고 자유를 지키는 일과 같은 민주주의적 가치와 연관되어 있다.[19] 이러한 국가의 사명은 파시즘과 같이 국가가 절대화되고 민주적 다양성이 억압받는 사회 속에서는 실현될 수 없다. 바르트는 기포드 강연에서 정치적 예배를 통해 민주주의를 위한 그리스도인의 정치 참여를 삶을 통해 드리는 예배라는 관점에서 접근한다. 파시즘에 대한 저항과 민주적 다양성을 위한 정치 참여는 바르트의 정치신학의 기초다.

---

18   Barth, *Gotteserkenntnis und Gottesdienst*, 203-204.

19   Andreas Pangritz, "Politischer Gottesdienst. Zur theologischen Begründung des Widerstands bei Karl Barth," *Communio Viatorum* 39 (1997): 215-247 중 223.

2) 그리스도의 왕권과 국가 권위의 한계

정치적 예배는 국가의 권위가 그리스도의 왕권 아래서 세상의 질서를 유지하기 위해 존재할 때 가능하다. 그리스도의 왕국과 세속 왕국을 엄격하게 구분하는 루터의 가르침은 그의 원래 의도와는 다르게 양자를 분리된 영역으로 이해하는 이분법적인 인식론을 고착화했다. 바르트는 이러한 정통 루터교의 시도를 "무관심하게 세상으로부터" 물러나려는 태도라고 비판했다. 종교개혁의 가르침에 따르면, 두 왕국은 "구별할 수 있지만 예수 그리스도께서 교회의 주님이실 뿐 아니라 전혀 다른 방식으로, 즉 정치 질서를 요구하는 형식 속에서도 주인이신 한 하나일 수밖에 없다." 모두에게 적용되는 정치 질서의 요구는 어떤 특별한 세상의 법칙이 아닌 교회 안에서 선포되고 세상에도 유효한 "**하나님**의 법"(Gesetz Gottes) 안에 있으며, "하나님의 거룩한 명령"에 기초하고 있다. 따라서 정치 질서는 "인류의 유익과 안녕"을 위해서만이 아니라 "하나님의 영광의 공표"를 위해서도 봉사한다. 이러한 관점에서 정치 질서는 "인간의 삶에 실제적이고 유익한 질서"다.[20]

물론 정치 질서는 아직은 "믿음과 사랑의 질서"가 아니며, "앞서나가는 그림자와 같이 외적인 법, 외적인 평화 그리고 외적인 자유의 질서"이며, 여전히 "내적이고 영적인 법과 평화의 질서"도, "영원한 하나님 나라의 질서"도 아니다. 하지만 정치 질서는 "세상 왕국의 혼돈 한가운데서 그것에 대한 약속"이며, "그것이 교회의 존재를 통해 이루어지는

20　　Barth, *Gotteserkenntnis und Gottesdienst*, 205-206.

세상의 성화"다. 현실 속에서는 단지 외적인 법, 외적인 평화, 외적인 자유가 창조되고 보존될 수 있을 뿐인데, 이는 물리적인 권력의 도움 없이는 실현될 수 없다. 이는 "믿음과 사랑의 삶과 같이 예수 그리스도 안에 있는 삶에 대한 지시사항일 뿐"이다. 하지만 그리스도인은 "바로 이러한 상관관계 속에서 세상에서 그러한 법과 평화 그리고 자유를 창조하고 보존하도록 하나님에 의해 명령받았다." 그러므로 이 **세상**에서의 예배 즉, **정치적** 예배(einen politischen Gottesdienst)가 존재한다.[21]

3) 국가 권위의 정당성의 조건과 상대화

정치적 예배는 국가의 권위가 정당성을 갖기 위한 조건을 제시하며 이를 상대화한다. 바르트는 기포드 강연에서 국가의 절대화를 비판하지만 하나님께서 권력자들을 그들의 자리에 세우셨다는 점을 부정하지 않는다. 그는 이를 설명하기 위해 로마서 13:6을 인용한다. 바르트는 『로마서 주석』 1판에서도 13:1을 해석하면서 유사한 주장을 펼쳤다. 『로마서 주석』 1판에 따르면, 정치 질서는 구체적인 권력과 권력자들의 손안에 있으며 교회와 그 구성원들이 하나님에 의해 세워진 것처럼 그 권력자들도 하나님에 의해 "하나님의 사역자"로 세워졌다.[22] 하지만 정치적 예배는 권력자들이 "기독교적 믿음을 고백하는 개인적으로 완전히 정직하고 경건한 사람들로" 인정받도록 만드는 것을 의미하지 않는다. 정치

---

21   Barth, *Gotteserkenntnis und Gottesdienst*, 206-207.

22   Karl Barth, *Römerbrief (Erste Fassung) 1919*, ed. Hermann Schmidt (Zürich: TVZ, 1985), 505.

적 질서가 예배로서 의미를 가지려면 로마서 13장에 기록된 바와 같이 국가가 그 영역 내에서 "하나님의 대리자와 사제"(Gottes Stellvertreter und Priester)로서 주어진 역할을 잘 감당해야 한다. 바로 이 경우 정치 질서의 예배로서의 의미가 분명해진다. 하지만 정치적 권력을 가진 자들이 자신들의 의무를 수행하지 않을 때, 예배로서의 의미는 불분명해진다. 바르트에 따르면, 마땅히 보호해야 하는 정의나 평화, 자유를 손상시키거나 파괴할 때, 폭정으로 변할 때, 그 권력은 합법적인 권위를 상실한다. 이때 하나님께 대한 예배로서의 정치 질서의 의미는 불분명해지거나 신뢰할 수 없게 되거나 경멸받는다.[23] 따라서 파시즘의 정치 질서는 예배로서의 의미를 완전히 상실한다.

그러므로 바르트는 스코틀랜드 신앙고백서 14조를 통해 특별한 경우 하나님이 요구하셨던 정치권력에 대한 저항을 강조한다. 이 저항은 "하나의 **적극적인** 저항, 즉 경우에 따라 **폭력**을 폭력으로 제압하는 것"을 포함한다. 하지만 적극적 저항은 "최후의 수단"(*ultima ratio*)이어야지 "최초의 수단"(*prima ratio*)이 되어서는 안 된다.[24]

4) 법치 국가에 대한 긍정과 시민으로서의 역할

정치적 예배는 법치 국가를 위한 그리스도인의 정치 참여를 긍정한다. 전 유럽에 전운이 감돌던 1938년 6월 20일과 27일에 바르트는 "칭의

---

23   Barth, *Gotteserkenntnis und Gottesdienst*, 208-209.
24   Barth, *Gotteserkenntnis und Gottesdienst*, 213, 215.

와 법"(Rechtfertigung und Recht)이라는 강의를 통해 교회와 국가의 관계에 대한 문제를 다루었다. 그는 이 강연에서 칭의의 정치적 의미를 분석하면서 정치적 예배를 언급했다. 그는 칭의와 법 사이의 내적인 연관성을 강조하는데, 이는 교회와 국가—특히 법치 국가(Rechtsstaat)—사이의 내적 연관성이기도 하다. 정치적 예배는 교회와 법치 국가 사이의 긍정적인 상관관계를, 교회와 전체주의 국가 사이의 대립 관계를 전제한다. 바르트에 따르면, 정치적 예배란 "하나님의 칭의로 인해 인간의 법을 인정하고 후원하며 지키고 확대하는 것이 본질인" 하나의 예배다.[25] 또한 그것은 국가에 대한 교회의 책임 및 "교회의 예언자적인 파수꾼 역할"(prophetischen Wächterdienst)과 연결되어 있다.[26]

물론 그리스도인의 국가는 현재가 아니라 장차 올 세대다. 즉 그리스도인은 이 땅에서가 아니라 하늘에서 국가를 구해야 한다. 요한계시록 21장은 그리스도의 국가로서 새 예루살렘을 자세히 묘사하고 있다. 새 예루살렘으로 인해 세상의 모든 국가는 절대성을 상실한다. 그리스도인은 이러한 전제 아래에서 이미 시민권을 갖고 있지만 아직 그 안에서 살 수 없는 미래의 도성 안에서 사는 것을 고대하며 이상적인 국가가 아니라 지금 이곳에서 실제 국가를 위한 시민으로서 역할을 감당해야 한다. 바르트는 국가의 신격화도 악마화도 반대하면서 국가 권력의 남용을 막기 위해 국가 권력을 감시하는 비판적 반대자로서 교회의 역할을 강조

---

25   Karl Barth, *Rechtfertigung und Recht* (ThSt 4; Zürich: EBZ, 1938), 3.

26   Barth, *Rechtfertigung und Recht*, 8-9.

한다.[27] 하지만 국가가 자신의 역할을 잘 감당한다면 - 예를 들어, 로마서 13장에서 말하는 바와 같이 국가가 선한 자들에게는 보상을, 악한 자들에게는 심판을 내린다면 - 교회는 국가에 봉사해야 할 의무가 있다.[28] 이처럼 정치적 예배는 그리스도인에게 민주적 정치 체제를 긍정하며, 파시즘에 저항할 것을 요구한다.

5) 민주적 다양성과 무명성

히틀러의 총통 전권주의(Hitlers Führerprinzip)가 기독론을 대체한 "독일 그리스도인운동"(DC)의 왜곡된 신앙 운동을 경험한 바르트는 제2차 세계대전이 끝난 직후 기독론 중심의 민주주의 국가 이론을 발전시키기 위해 노력했다. 그는 1946년에 발표한『그리스도인 공동체와 시민 공동체』(*Christengemeinde und Bürgergemeinde*)에서 교회와 국가를 대신하여 그리스도인 공동체와 시민 공동체라는 용어를 사용한다. 그는 양자 사이의 연속성을 강조하기 위해 "공동체"(Gemeinde)라는 용어를 의도적으로 사용했다. 바르트에 따르면, 시민 공동체의 제도적 요소 역시 그리스도인 공동체에 적절하고 불가피하다. 모든 인간은 어떤 형태로든 보다 상위의 권위와 폭력으로부터 보호받기 위해 외적이고 상대적이며 일시적인 법질서 아래에 있는 공권력을 필요로 한다. 시민 공동체는 인간의 법을 바르게 세우고 자유와 평화, 인권을 보호함으로써 하나님의 섭리와 구원

---

27   Barth, *Rechtfertigung und Recht*, 22, 24.
28   Barth, *Rechtfertigung und Recht*, 36.

의 계획에 참여한다. 왜냐하면 시민 공동체는 "교회 외부에 존재할지언정 예수 그리스도의 통치 영역 내부에 있는 그리스도 왕국의 대리자(ein Exponent)"이기 때문이다.[29]

바르트는 그리스도인의 정치 참여를 강조했지만 교회의 정치화나 교회의 이익 집단화에 대해서는 결코 인정하지 않았을 뿐 아니라 반대했다. 바르트에 따르면, 그리스도인 공동체는 그 자체의 독자적인 과업을 완성하기 위해 노력하면서 시민 공동체의 과업에 참여한다. 그 가운데 그리스도인은 하나의 정치적 이념을 가질 수 있지만 그 이념을 맹신하거나 무조건 추종해서는 안 되며 현실의 왜곡된 정치 체제를 유지하거나 정당화하는 정치 이념에 동의해서도 안 된다. "정치적 영역에서 이루어져야 할 기독교적 결정들과 관련된 사상, 체제, 프로그램은 없지만 그와 관련하여 모든 상황 속에서 분명히 알 수 있고 또한 지켜져야 할 **방향**과 **선**(Richtung und Linie)은 있다." 물론 교회는 정치적 영역에 하나님 나라를 단순하게 곧바로 가지고 들어갈 수는 없다. 하지만 그리스도인 공동체는 정치적 영역에서 반드시 사회 정의를 위해 투쟁하고 달려가야 한다.[30]

바르트는 그리스도인의 정치 참여에 있어 "무명성"(Anonymität)을 특별히 강조했다. 그에 따르면, 무명성은 정치의 영역에서 그리스도인이 기독교적인 것(das Christliche) 혹은 기독교적 가치(christliche Werte)를

---

29 Karl Barth, *Christengemeinde und Bürgergemeinde* (ThSt 20; Zürich: EVZ-Verlag, 1946), 7-8, 10.

30 Barth, *Christengemeinde und Bürgergemeinde*, 12, 17, 21, 27.

실현하기 위해 자신이 그리스도인이라는 것을 내세울 필요가 없음을 의미한다. 다시 말해, 이것은 그리스도인이 자신의 종교적 정체성을 정치의 영역에서 명시적으로 내세우지 않고도 법치주의나 민주적 다양성을 위해 그것을 실천함으로써 기독교적 가치를 실현할 수 있음을 의미한다. 따라서 교회는 기독교적 가치를 시민 공동체 내에 실현하기 위해 기독교 정당을 만들기보다는 그리스도인 공동체 내에서 정치에 대한 설교를 하거나 시민 공동체 내의 문제점을 지적함으로써 왜곡된 구조를 변화시킬 수 있는 긴장을 유발하는 쪽에 더 집중해야 한다. 그리스도인들은 오직 **익명**으로만(nur anonym) 기독교와 함께 정치적 영역으로 나아갈 수 있다. 만약 그들이 교회의 기득권을 지키기 위해 정치적 투쟁을 감행한다면 이 익명성은 깨질 것이고 비기독교적인 투쟁의 방식은 그들에게 불명예를 안겨줄 것이다. 그러므로 교회는 기독교 정당을 만들기보다는 시민 공동체에 "정치적 인간"(politische Menschen)을 제공하는 역할을 감당해야 한다.[31] 이러한 무명성은 당시 독일 내에서 "기독민주연합"(CDU)의 창설을 반대하는 것을 의미했다.

---

31   Barth, *Christengemeinde und Bürgergemeinde*, 38, 43.

3. 이념의 상대화와 상대적 유토피아

1) 이념의 상대화

그리스도인의 정치 참여는 교회의 정치화가 아니다. 교회의 정치화란 교회가 기득권을 지키기 위해 스스로 이익 집단으로 변질되거나 특정한 정치 이념을 종교적으로 정당화함으로써 그 이념에 종속되는 현상을 의미한다. 후자의 경우, 정치 이념은 종교적 가르침처럼 절대화된다. 사실 양자는 서로 연관되어 있다. 왜냐하면 기득권에 대한 집착은 결국 교회와 정치 세력이 결탁하는 것을 부추겨 정치 이념을 종교적으로 정당화하기 때문이다. 우리는 20세기 역사를 통해 절대화된 정치 이념이 자본주의든 사회주의든 관계없이 교회를 비롯한 모든 사회 구성원을 향해 폭력성을 드러내면서 민주적 다양성을 억압한 것을 경험했다. 따라서 그리스도인의 정치 참여는 이념의 절대화를 거부해야 한다. 정치적 대립과 이념의 절대화의 위험 속에서 그리스도인들이 가져야 할 자세는 어떤 것일까? 냉전 시대에 극심한 동서 대립 속에서 그리스도인의 정치 참여에 대해 고민했던 헬무트 골비처(Hemut Gollwitzer, 1908-1993)가 쓴 두 개의 글은 우리에게 시사하는 바가 크다. 그의 주장을 정리해보면 다음과 같다.

> 첫째, 그리스도인은 정치적 영역에서도 그리스도의 주 되심(Herrenschaft; Lordship)을 기억해야 한다.
> 둘째, 그리스도인은 "동지와 적의 사유"(혹은 "동지와 적의 카테고리")

를 극복해야 한다.

셋째, 그리스도인은 이념의 절대화를 거부해야 한다.

넷째, 그리스도인은 동구와 서구의 공존을 위해 노력해야 한다.

"동구와 서구 사이의 그리스도인"

1950년 8월에 골비처는 뉘른베르크-슈타인(Nürnberg-Stein)과 투트징 (Tutzing)에서 "동구와 서구 사이의 그리스도인"이라는 제목으로 강의했다. 냉전 시대에 유럽 사회는 동구권과 서구권 간의 극심한 대립을 경험했다. 골비처는 그리스도인의 정체성 문제를 다루며 강의를 시작했다. 골비처에 따르면, 노예의 상태에서 해방된 그리스도인은 자신들의 새로운 주인이신 그리스도와 연결되어 있다. 그리스도인은 주식이나 일당 등으로 살아간다 할지라도 "물질적 이익으로 인해 자신의 결정이 영향을 받는 현상" 즉 "두려움의 강요"(Zwang der Angst)로부터 자유롭다. 인간은 물질적 손실에 대한 두려움에 흔들리는 존재이지만 그리스도인은 그리스도의 주 되심과 자신에게 주어진 자유를 정치적 자유의 기초로 삼는 존재다. 따라서 그 어떤 정당도 그리스도를 대신해 그리스도인의 주인이 될 수 없다. 그리스도인은 정당을 지지하고 정당인으로서 활동할 자유가 있지만 정당의 이념을 맹목적으로 추종해서는 안 된다. 또한 두려움의 강요에서 벗어난 그리스도인들은 정치적 영역에서 칼 슈미트의 "동지와 적의 카테고리"를 받아들여서는 안 된다.[32]

---

32   Helmut Gollwitzer, "Der Christ zwischen Ost und West," in *Umkehr und Revolution:*

골비처에 따르면, 동구권에서든 서구권에서든 그리스도인들은 서로를 진지하게 받아들여야 하며 또한 서로를 함부로 평가해서는 안 된다.[33] 그들은 세속적인 재화들의 가치를 평가하고 또 평가하도록 해야 할 책임이 있다. 따라서 "우리가 아이들에게 일용한 양식을 위해 기도하고 감사할 것을 가르치는 것처럼 국가의 법과 자유도 우리 삶의 양식과 기본 욕구로서 구하고 감사해야 할 내용임에 틀림없다." 그리스도인들은 양쪽 체제의 문제와 한계를 인식하고 그리스도의 주 되심에 대한 신앙으로 동구와 서구의 정치 선전(propaganda)과 이념을 상대화하는 가운데 양 체제의 공존을 위한 길을 찾아야 한다.[34]

"분열된 세상 속 교회"

1954년 4월에 골비처는 스트라스부르(Straßburg)에서 "분열된 세상 속 교회"라는 제목으로 강의했다. 여기서 그는 동구와 서구를 향해 이기주의적 사유 방식과 자기 정당화의 싸움을 그만두어야 한다고 주장했다. 왜냐하면 바로 거기서 냉전 시대의 정치적 질병과 사회적 불의가 발생했기 때문이다. 골비처는 교회가 모든 정치적인 것에 대해 책임을 져야 한다고는 생각하지 않았다. 하지만 적어도 인간을 억압하는 정치적 체제와 결과물에 직면했을 때, 이를 저지할 책임이 있다는 것에 대해서는 의

Aufsätze zu christlichem Glauben und Marxismus, vol. 2, *Ausgewählte Werke[=AW]*, vol 7, ed. Christian Keller (München: Chr. Kaiser, 1988), 125-145중 127, 129.

33　Gollwitzer, "Der Christ zwischen Ost und West," 133.

34　Gollwitzer, "Der Christ zwischen Ost und West," 142, 144-145.

심하지 않았다. 따라서 골비처는 교회가 동구권과 서구권 사이의 분열을 막지 못한 것에 대한 책임과 국가적·사회적·이념적 대립들을 완화시키지 못한 실패에 대한 책임을 통감해야 한다고 주장했다.[35]

　물론 골비처도 그리스도인의 정치적 책임에 대한 강조가 자칫 종교의 정치 도구화나 교권주의와 같은 혼합주의로 변질될 수 있다는 사실을 알고 있었다. 따라서 그는 "**교회와 세상 사이의 실제적 대립**"(der eigentliche Gegensatz zwischen Kirche und Welt)을 강조했다. 교회와 세상(혹은 국가)은 동일하지 않다. 양자는 구분되면서 서로 다른 가치 체계에 의해 움직이는 대립적 관계에 있다. 그러므로 교회의 사회적 책임은 두 영역이 완전히 동화되어 사라지는 것을 의미하지 않는다. 단지 양자는 구분되나 분리되지는 않는다. 따라서 교회는 세상의 이념에 물들지 않도록 노력해야 한다. 교회와 세상이 분리된 것처럼 생각하고 세상에 저항하지 않는다면 교회는 자연스럽게 기존의 자본주의 체제를 절대적 이념으로 받아들일 수밖에 없다. 골비처는 교회가 자본주의 체제에 물들어 있기 때문에 동구권과 대화할 때 항상 "이념적 대립"(ein ideologischer Gegensatz)을 느낄 수밖에 없다고 비판하면서 구분되지만 분리되지는 않은 교회와 세상의 관계를 "**진정한 대립**"(Der echte Gegensatz)이라고 규정했다.[36] 진정한 대립을 인식하는 그리스도인은 세상의 가치에 물들지 않도록 노력해야 하며 동시에 예수의 가르침을 이 세상 속에서 실천하기

35　Helmut Gollwitzer, "Die Kirche in der zerspaltenen Welt," in *Umkehr und Revolution* 2, 146-161 중 152-154.

36　Gollwitzer, "Die Kirche in der zerspaltenen Welt," 154.

위해 노력해야 한다. 따라서 진정한 대립은 그리스도인의 정치적 참여의 기반이 된다.

　이 세상은 동구와 서구의 분쟁, 전체주의에 대한 저항, 공산주의에 대한 대응 등으로 인해 분열되어 있다. 그리스도인은 이 분열된 세상을 바르게 이해하고 대응해야 해야 할 사명이 있다. 또한 그는 모든 인간이 용서에 의존할 수밖에 없음을 인식하며 십자가에 달리신 이를 통해 모든 이들이 함께 그분의 가슴에 품어지게 되었음을 믿어야 한다. 따라서 그리스도인은 진정한 대립을 인정하면서 세상 속에서 인간들 사이의 편 나누기가 사라지고 사람들에 의해 특정한 집단에 소속되어 있다는 것으로써 자신의 정체성이 규정되지 않도록 노력해야 한다. 왜냐하면 진정한 기독교 신앙은 냉전 이데올로기에 갇혀 있을 수 없기 때문이다. 교회는 동구와 서구의 공존이라는 가치를 추구해야 한다. 이를 위해 교회는 동구와 서구의 정치적 대립들로 인해 갈기갈기 찢어지고 나누어진 그 자리에 화해의 소식이 자리 잡도록 해야 한다. 또한 그리스도인은 정치적 영역에서 비그리스도인과는 다른 가치, 즉 보다 이상적인 가치를 추구해야 한다. 골비처는 현대 세계가 "그리스도 복음의 영향"에서 벗어나 있으면 있을수록 더욱 비인간화될 수밖에 없다고 생각했다. 그러므로 그는 나치의 유대인 학살이나 이오시프 스탈린(Joseph Stalin, 1879-1953)의 숙청 공작을 동일 선상에서 비판했다. 하지만 골비처는 역사 속 대학살과 비극의 문제를 평가함에 있어 특정한 개인이나 집단에게만 그 책임을 돌리려 할 경우 더 큰 그림, 즉 "시스템"(System)의 문제를 보지 못할 수 있다고 경고했다.[37] 결국 교회는 서로 다른 사회·정치 시스템의 한계를 인정하고 그 체제들이 공존할 수 있는 방법을 찾기 위해 대화할 수 있도록 사회적 역할을 감당해야 한다.

2) "보다 나은 사회"라는 상대적 유토피아와 사회적 약자에 대한 책임

골비처는 1968년 10월 8일 EKD 공의회에서 "혁명적인 시대에 교회의 세계에 대한 책임"(Weltverantwortung der Kirche in einem revolutionären Zeitalter)이라는 제목으로 강연하면서 "혁명의 신학"(Theologie der Revolution)을 강조했다. 골비처에 따르면, 먼저 "혁명의 신학이란 우리 시대의 혁명적인 성격에 대한 인식과 교회 생활, 설교와 행위의 전통적인 방식을 위해, 그로 인해 발생하는 변혁을 위해 그리스도인들을 개방하는 신학이다." 골비처는 이 강연에서 당시 유럽에 사는 그리스도인들의 모습을 비판적으로 평가했다. 왜냐하면 그리스도인들이 자신들의 사회적 전통들과 복음을 동일시했고 복음을 그들의 사회적 전통들을 유지하거나 물질적이고 정신적인 소유를 유지하기 위해 이용했기 때문이다. 혁명의 신학은 이러한 흐름에 저항한다.

두 번째, 혁명의 신학이란 "성서적 소식(Botschaft)의 혁명적 특징을 강조하려는 신학"이다. 혁명의 신학은 하나님의 역사에 대한 정적인 이해에 반대하며 이스라엘을 이집트에서 탈출시키신 하나님과 같이 역동적인 이해를 강조한다. 세 번째, 혁명의 신학은 미래지향적이다. 혁명의

---

37 Gollwitzer, "Die Kirche in der zerspaltenen Welt," 155-156.

신학은 "마지막을 향해, 하나님 나라를 향해 종말론적으로" 사유한다.[38] 바로 여기서 골비처의 독특한 하나님 나라에 대한 이해가 등장한다.

하나님 나라의 소식은 그리스도인들이 새로운 것을 가지고 이 옛 세상으로 들어온다는 것이다. 우리는 주제넘게 하나님 나라를 스스로 창조하려고 해서는 안 되며, 지금 이 옛 세계에서 그 새로운 삶에 합당하게 살아야 한다. 하나님 나라에서의 삶은 이미 [새로운 것에] 일치하는 운동들을 위한 기준을 옛 세계 속에 있는 우리에게 제공한다. 따라서 우리는 여전히 우리 가운데서 자주 발생하는 것처럼 하나의 더 나은 사회에 대한 질문을 마치 열광적인 오만의 표시인 것처럼 바로 이단시해서는 안 된다. 또한 우리는 마르크스주의자들과 모든 부류의 유토피아주의자들에게 이 질문을 넘겨서도 안 되며, 오히려 우리는 하나님 나라의 복음 자체가 우리를 우리의 현재 상황들 내에서 하나님 나라가 우리에게 준 기준에 따라 더 나아지도록, 즉 더 많은 정의를 위해, 더 많은 자유를 위해, 모든 인간과 모든 민족의 더 친밀하고 평화로운 공동생활을 위해 노력해야 함을 가르치는 것을 인식해야 한다. 우리가 일해야 하는 보다 나은 사회의 상대적 유토피아는 하나님 나라라는 좋은 사회의 절대적 유토피아로부터 나온다.[39]

38　Helmut Gollwitzer, "Die Weltverantwortung der Kirche in einem revolutionären Zeitalter," in...*daß Gerechtigkeit und Friede sich küssen. Aufsätze zur politischen Ethik*, vol. 1, Gollwitzer-AW 4, ed. Andreas Pangritz (München: Chr. Kaiser Verlag, 1988), 69-99 중 72-73.

39　Gollwitzer, "Die Weltverantwortung der Kirche in einem revolutionären Zeitalter," 74. []은 내가 추가한 것이다.

골비처는 기존의 종말론적인 의미의 하나님 나라를 "좋은 사회"이자 "절대적 유토피아"라고 규정한다. 그리스도인은 절대적 유토피아를 지향하지만 이 세상 속에서 그것을 이룰 수는 없다. 이 세상 속에서 그리스도인은 절대적 하나님 나라를 모델로 하는 "보다 나은 사회"이자 "상대적 유토피아"를 만들기 위해 노력해야 한다. 그리스도인은 현실 체제의 문제를 극복하는 더 나은 사회를 만들기 위해 정치의 영역에 참여해야 한다. 골비처가 강조한 혁명의 신학은 혁명 자체가 목적이 아니다. 마지막으로 그것은 "일종의 정치 윤리다. 이 윤리는 지금까지 강압적으로 발생한 사회 질서의 불가피한 급진적인 변혁을 위해 적극적으로 참여하도록 그리스도인들을 자유케 한다."[40]

골비처는 혁명의 신학과 하나님 나라를 지향하는 상대적 유토피아를 통해 "민주화에 대한 교회의 책임"(Die Verantwortung der Kirche für die Demokratisierung)과 사회적·경제적 약자에 대한 교회의 책임을 강조했다. 오늘날 그리스도인들은 "민주주의가 테크노크라시(Technokratie, 기술관료주의)에 의해 교체될 수 있는 위협에 직면해 있는 동시에 전에 존재하지 않았던 정도의 기근 참사가 발생하고 있는 세계 속에" 살고 있다. **"민주주의와 이 세계 속 굶주린 자들에 대한 책임"**은 그리스도인들의 정치적 사명이다.[41]

---

40   Gollwitzer, "Die Weltverantwortung der Kirche in einem revolutionären Zeitalter," 74.

41   Gollwitzer, "Die Weltverantwortung der Kirche in einem revolutionären Zeitalter," 78.

정치적 디아코니아

1. 디아코니아의 총체성에 대한 이해

누가복음 22:27에서 예수는 "나는 섬기는 자로 너희 중에 있노라"(ἐγὼ δὲ ἐν μέσῳ ὑμῶν εἰμι ὡς ὁ διακονῶν)라고 말씀하셨다. 이 구절은 하나님 나라는 그리스도인의 섬김(*diakonia*)을 통해 도래한다는 사실을 이 세상에 보여준다. 복음서는 예수의 사역을 인간과 세상에 대한 섬김과 봉사의 행위로 일괄되게 설명한다.[1] 이처럼 디아코니아는 가난한 자들과 약자들 그리고 그의 제자들을 섬겼던 예수의 삶에서 출발한다. 물론 신약성서는 디아코니아를 단일한 용례로만 사용하지는 않았다. 신약성서에서 "디아코니아"는 다음의 네 가지 용례로 사용되었다. 첫째, "식탁에서 시중들

---

[1] 우리말 성서에서는 마 20:28에서 "섬기려 하다"(διακονῆσαι), 눅 22:27에서 "섬기는 자"(διακονῶν), 요 12:26에서 "섬기는 일"(διακονῇ)과 "섬기는 자"(διάκονος)로 번역했다.

기"혹은 "육신의 양식을 조달하기"(눅 10:40)로 사용되었으며, 초기 교회에서는 "식사를 관장함"(행 6:1)을 의미했다. 둘째, 진실한 사랑 안에서 "섬김의 수행"을 의미했다. 고린도전서 16:15에서 "스데바나의 집"이 "성도 섬기기로 작정한" 것이 대표적인 예다. 셋째, "어떤 의무들의 수행"이다. 다시 말해 사도들(롬 11:13 "직분", διακονίαν; 고후 4:1)과 전도인들(딤후 4:5)이나 마가 같은 조력자들(딤후 4:11)이 맡은 책무를 수행하는 것을 의미한다. 넷째, 당시 큰 기근으로 인해 고통받던 예루살렘 공동체를 위한 모금도 디아코니아로 묘사되었다. 사도들은 디아코니아가 한낱 부수적인 일이 아니라 진정한 사랑의 행위로 간주된다는 것을 강조했다(롬 15:31; 고후 8:1-6; 행 11:29-30).[2]

초기 교회의 그리스도인들은 그리스도를 본받은 제자도의 이상향으로서 삶의 모든 영역에서 섬김(디아코니아)을 실천했다. 이처럼 디아코니아는 처음부터 그리스도인이 자신의 모든 삶의 영역에서 실천해야만 하는 것이었다. 근대적 디아코니아의 아버지로 평가받는 요한 힌리히 비헤른(Johann Hinrich Wichern, 1808-1881)은 디아코니아의 가치를 새롭게 발견하면서 디아코니아에 대한 총체적인 이해를 근대 신학의 중요한 주제로 부상시켰다. 그 결과 최근 독일에서는 실천신학의 발전과 함께 디아코니아가 마르튀리아(Martyria, "선포"), 레이투르기아(Leiturgia, "예전"), 코이노니아(Koinonia, "공동체 형성")와 함께 교회의 근본적인 기능으로 이

2   Hermann Wolfgang Beyer, "διακονέω, διακονια, διακονο," *Theological Dictionary of the New Testament[=TDNT]*, vol. II, ed. Gerhard Kittel (Grand Rapids: WM B. Eerdmans Publishing Company, 1974): 81-93 중 87.

해되고 있다.[3]

하지만 한국교회에서 디아코니아는 그리스도인의 개인적인 자선이나 선행 정도로만 이해되고 있다. 최근 들어 한국교회 내에서도 디아코니아의 총체적 이해를 추구하는 흐름들이 형성되고 있지만 다른 신학적 주제들에 비해 상대적으로 주목을 덜 받고 있다. 이제 디아코니아의 총체적 이해를 위해 디아코니아를 다양한 측면에서 접근해보기로 하자.

2. 예언자적 디아코니아

디아코니아의 예언자적 역할, 즉 "예언자적 디아코니아"(prophetic *diakonia*)에 대해 살펴보도록 하자. 예언자적 디아코니아란 하나님께서 교회에 주신 명령과 권위의 한 부분으로서 세상을 향한 예언자의 책임이 디아코니아의 고유한 특성이라고 보는 신학적 담론을 포괄적으로 지칭하며 사회 정의의 문제에 집중한다.[4] 왜냐하면 예언자적 디아코니아는 교회의 예언자적 사명과 연관되어 있으며, 여기서 "예언자적"이란 성서의 전통에 따라 하나님의 이름으로 가난한 자들과 억압받는 자들을 보호하기 위해 불의에 대항하여 목소리를 높이는 소명을 의미하기 때문이

---

3 Herbert Vorgrimler, "Diakonia," *Neues Theologisches Wörterbuch* (Freiburg: Verlag Herder, 2000): 128-129 중 128.

4 The Lutheran World Federation[=LWF], *Diakonia in Context: Transformation, Reconciliation, Empowerment. An LWF Contribution to the Understanding and Practice of Diakonia*, ed. Kjell Nordstokke (Geneva: LWF, 2009), 82-83.

다.[5] 이로 인해 예언자적 디아코니아는 정의를 위한 투쟁으로서의 디아코니아라고 종종 불린다.[6] 그리스도인의 디아코니아는 그 예언자적 명령에 충실하기 위해 가난한 자들과 억압받는 자들에게 고통을 주고 인간의 존엄을 헤치는 죄악 된 현실과 구조에 대항하여 목소리를 내야 하며 보다 인간적이고 정의로운 사회를 외쳐야 한다.[7] 이를 위해 예언자적 디아코니아는 로마서 12:13("성도들의 쓸 것을 공급하며 손 대접하기를 힘쓰라")에서 언급한 바와 같이 도움을 필요로 하는 사람에게 환대를 베풀 것을 명령하고 고통받고 멸시받는 사람들의 목소리에 귀를 기울일 것을 강조한다.[8]

예언자적 디아코니아는 "출애굽의 법칙"(Exodus-Prinzip)에 일치하는 교회의 사명을 강조한다. 출애굽의 법칙이란 교회가 기존의 인위적이고 제도적인 것에 익숙해지지 않도록 지속적으로 각성해야 하는 사명을 의미한다. 다시 말해 교회는 기존의 질서에 만족하고 안주하기보다는 항상 예수의 가르침과 모범에 따라 스스로를 성찰해야 한다.[9] 예언자적 디아코니아는 교회의 예언자적 책임이 현실의 왜곡된 세상의 체계를 비판하고 저항하는 것이라고 가르친다. 왜냐하면 그 왜곡된 구조가 예수가

---

5   LWF, *Diakonia in Context*, 95.
6   Stephanie Dietrich, "'For Thus says the Lord': Prophetic Diakonia as Advocacy and Fight for Justice," in *Evangelism and Diakonia in Context*, ed. Rose Dowsett et al. (Oxford: Regnum Books International, 2006), 153-165 중 154.
7   LWF, *Diakonia in Context*, 30.
8   LWF, *Diakonia in Context*, 33, 81.
9   Helmut Erharter et al, ed. *Prophetische Diakonie. Impulse und Modelle für eine zukunftsweisende Pastoral* (Wien: Herder, 1977), 7.

편애했던 가난한 자들, 어린이들, 병든 자들과 죄인들, 슬픈 자들과 삶에 절망한 자들, 공의에 굶주린 자들, 억압받는 자들, 핍박받는 자들, 사회로 부터 추방당한 자들, 실패한 자들, 세리와 창녀들을 억압하기 때문이다. 따라서 교회는 사회적 약자와 소수자들을 해방시키고 구원하는 그리스도 복음의 일차적이고 직접적인 수신자로서 그들이 회개와 변혁의 부름에 따르도록 도와야 한다. 그러므로 교회가 진정으로 이들을 섬기려면 결코 현실의 기득권에 안주할 수 없다.

예언자적 디아코니아에 대한 담론은 세상 속 교회의 예언자적 사명과 연관되어 있는 만큼 디아코니아가 다양한 사회적 영역 속에서 실천되어야 한다고 가르친다. 따라서 예언자적 디아코니아에 대한 연구는 "정치적 디아코니아"(political *diakonia*) 및 "공공 디아코니아"(public *diakonia*)에 대한 연구를 촉진시켰다. 예언자적 디아코니아가 해방과 공의에 대한 급진적 계시에 기반하여 비판적이고 도덕적으로 집중하는 예언자적 신학의 중요한 특성을 공유하고 있다면, 정치적 디아코니아는 정책의 이행을 다루는 반면, 공공 디아코니아는 권한 부여와 관련된 포괄적인 참여와 관계되어 있다.[10] 퀴엘 노르드스토케(Kjell Nordstokke)에 따르면, 정치적 디아코니아는 모든 디아코니아적 행위가 정치적 영향을 끼친다는 것을 인정할 때 가능하다. 따라서 정치적 영역에서의 옹호는 지속적으로 관심이 필요한 디아코니아 사역의 일상적인 부분이다. 이에 반

---

10 Kjetil Fretheim, "Dimensions of Diaconia: The Public, Political and Prophetic," *Diaconia*, 4 (2013/6): 67-80 중 78.

해 예언자적 디아코니아는 하나님께서 교회와 그 교회의 디아코니아에 주신 명령과 권위의 일부분으로서 예언자적 책무를 긍정하는 디아코니아의 고유한 신학적 본질과 연관되어 있다.[11] 예언자적 디아코니아와 정치적 디아코니아의 개념적 차이에도 불구하고 양자는 많은 공통점을 공유한다.[12]

3. 정치적 디아코니아

"정치적 디아코니아"(political diakonia)는 디아코니아 사역의 정치적 측면을 표현한 것이다. 다시 말해 정치적 디아코니아는 "공공 영역에서 정치적 문제를 의식적으로 반영하고 표현하려는 디아코니아적 행위"다.[13] 정치적 디아코니아는 불의와 그 근본 원인을 고발할 뿐 아니라 변화가 필요한 사회를 위한 지침서로서의 역할을 할 수 있도록 태도나 행위를 훈련하고 연습하는 것을 중요하게 여긴다. 하지만 정치적 디아코니아는 사회와 환경을 파괴하는 결과를 낳기보다는 누룩이 되어 생명을 위한 대안적인 길을 찾는 증인으로서 교회의 임무에 집중한다.[14] 독일의 경우 1960년대부터 개인의 자선과 구제와 같은 "개인적 디아코니

---

11   Kjell Nordstokke, *Liberating Diakonia* (Trondheim: Tapir Akademisk Forlag, 2011), 51.
12   Dietrich, "'For Thus says the Lord'," 155.
13   LWF, *Diakonia in Context*, 82, 95.
14   Nordstokke, *Liberating Diakonia*, 99.

아"(Personale Diakonie)를 넘어 공공 영역에서 실천되는 디아코니아에 대한 담론이 본격적으로 진행되었다. 사회적 디아코니아(Gesellschaftliche Diakonie)에 대한 논의가 그 대표적인 예다.[15]

섬기는 자로서 그리스도인은 사회적 약자와 억압받는 자를 보호하기 위해 정치적 디아코니아를 실천해야 한다. 그러므로 교회는 공적 영역에서 디아코니아를 실천할 때 거기에 합당한 정치적 역할을 자각하고 필요하면 공개적인 목소리를 낼 수 있도록 준비되어야 한다.[16] 정치적 디아코니아는 그리스도인이 비인간적인 환경이 지배하는 사회에 참여할 때, 기존의 절차, 관습 그리고 구조에 대항하여 행동해야 한다고 가르친다. 이때 디아코니아는 미취업 청소년들, 장애인들, 약물 중독자들, 난민들, 소수자들 그리고 전쟁의 피해자들 등과 같은 사회적 약자들을 위해 실천된다.[17]

정치적 디아코니아의 영역은 다양하다. 우선 세상의 평화를 위한 그리스도인의 활동이야말로 정치적 디아코니아의 대표적인 예다.[18] 하지만 인도와 같이 사회적 계급이 존재하는 곳에서 루터교회의 디아코니아는 최하층 계급의 해방을 위한 투쟁에 참여하는 방식으로 실천되었다.

---

15 Herbert Krimm, "Diakonie unter Urheberschutz," in *Liturgie und Diakonie. Zu Leben und Werk von Herbert Krimm*, ed. Volker Hermann (Heidelberg: Diakoniewissenschaftliches Institut Heidelberg, 2003), 100-109 중 105-106.

16 Nordstokke, *Liberating Diakonia*, 51, 94.

17 Jaap van Klinken, *Diakonia: Mutual Helping with Justice and Compassion* (Kampen: Kok: Grand Rapids, Mich.: Eerdmans, 1989), 125.

18 Moritz Mitzenheim, *Politische Diakonie. Reden Erklärungen Aufsätze 1946 bis 1966* (Berlin: Union Verlag, 1967), 86.

남미와 같이 국가 채무로 고통받는 곳에서는 정치인들에게 영향을 끼치기 위해 시민 사회 영역에서 활동하는 이들과 연대하는 방식으로 정치적 디아코니아가 실천되었다.[19] 오늘날 정치적 디아코니아는 사회적 디아코니아와 공적 디아코니아뿐 아니라 "문화적 디아코니아"(cultural diakonia), "환경 디아코니아"(environmental diakonia) 등으로 그 영역을 확장하고 있다.

4. 한국교회와 정치적 디아코니아

정치적 디아코니아는 개인적 구원만을 강조하는 기독교 근본주의나 종교적 영역과 사회적 (혹은 정치적) 영역을 엄격하게 분리하려는 영지주의적 이원론과 함께 실천될 수 없다.[20] 디아코니아의 총체성은 그리스도인의 삶을 개인적 영역이나 종교적 영역으로만 제한하려는 세계관 속에서는 온전히 드러날 수 없다. 예수의 성전 청결 사건(마 21:12-17; 막 11:15-19; 눅 19:45-48)은 성전의 종교적 역할을 회복하기 위한 행동이자 정의롭지 못한 성전 중심의 경제 체제를 비판한 것이었다. 왜냐하면 당시 유대교의 기득권 세력은 전통을 기반으로 자신들이 규정한 방식으로만 구매해야 하나님의 인정을 받을 수 있다고 낙인을 찍어버리면서 당시 경

---

19   LWF, *Diakonia in Context*, 82.

20   Tullio Vinay, "Die politische Diakonie der Kirche," in *Die politische Diakonie der Kirche*, ed. by Jürgen Moltmann (Tübingen; J. C. Mohr, 1987), 1-26 중 1.

제 체제를 유지했기 때문이다.

오늘날 정치적 영역에서 디아코니아의 실천은 기독교 신앙의 핵심으로 인정받고 있다. 2002년 루터교-개혁파 실무 그룹 보고서(the Lutheran-Reformed Working Group report) "성만찬과 공동의 증인을 향한 부르심"(Called to Communion and Common Witness)은 정치적 디아코니아의 중요성을 강조하면서 다음과 같이 선언한다. "성만찬은 상호 인정과 정의에 대한 헌신을 요구한다. 루터교와 개혁파 모두 인종차별, 특히 아파르트헤이트(apartheid)와 관련하여 신앙고백(status confessionis)을 선포했다는 것이 중요하다. 실제로 정의의 차원을 무시하는 영적 담론은 사람들을 호도할 수 있다."[21] 봉사와 복음의 증거, 예배는 서로 깊이 연관되어 있기에 디아코니아, 신앙고백, 예전은 함께 교회의 완전한 소명으로 이해되어야 한다. 그리스도인의 사회적 섬김 혹은 정치적 디아코니아는 예전에서 흘러나와 교회의 기도를 심화시키고 사회에 영향을 끼치며 다시 예전으로 돌아간다.[22]

그리스도인의 삶의 목적은 타인에게 고통을 주면서 자기만족을 추구하는 것이 아니라 고통을 주는 타인까지도 품기 위해 노력하는 것이다(롬 12:14-21). 따라서 현대를 살아가는 한국의 그리스도인은 스스로에게 다음과 같은 질문을 던져보아야 한다. "우리는 과연 이러한 삶의 목적을 향한 열망을 여전히 간직하고 있는가?" "오히려 배타적인 기독

---

21   LWF, *Prophetic Diakonia: "For the Healing of the World". Report Johannesburg, South Africa November 2002* (Geneva: LWF, 2002), 28.

22   LWF, *Prophetic Diakonia*, 36-37.

교 정치 운동을 통해 사회적 약자와 소수자에 대한 혐오와 차별을 강화하고 있지는 않은가?" "타인에게 신앙이라는 명목으로 고통을 안겨주면서도 이를 하나님의 사랑이라고 포장하고 있지는 않은가?"

하나님 나라는 권력을 통한 억압이 아닌 섬김을 통해 이웃을 사랑함으로써 완성된다. 하나님 나라는 "단일한" 혹은 "특정한" 정치 체제가 아니지만 왜곡된 현실의 정치 체제를 바꾸는 변혁적 힘을 갖고 있다. 왜냐하면 하나님 나라는 언제나 보다 인간다운 공동체를 지향하기 때문이다. 따라서 자본의 가치를 인간의 가치보다 우위에 두는 사회 체제나 권력을 통해 인간을 억압하는 정치 체제는 하나님 나라와 공존할 수 없다.

오늘날 한국교회의 부패는 권위주의에 기대어 현실을 왜곡하고 차별을 정당화하는 기독교 근본주의의 왜곡된 윤리 의식에서 기인한다. 이 왜곡된 윤리 의식이 한국교회를 권위주의적 종교로 몰아가고 있으며 종교 병리적 현상을 가중시키고 있다. 지금 한국교회가 집중해야 하는 것은 기득권을 지키기 위한 정치적 방법론이 아니라 과거 성장을 위해 종교 중독을 묵인한 잘못을 바로 잡기 위한 냉철한 비판이다. 만약 여전히 신성화된 자본주의를 맹신하고 가부장적 가치에 몰두한다면 한국교회는 그저 구시대의 유물로 전락할 수밖에 없다. 더구나 사회적 약자와 소수자들에 대한 차별과 혐오를 조장한다면 한국교회는 머지않아 파국을 맞이할 것이다.

그리스도인은 이 세상 속에서 하나님 나라의 가치를 추구하는 사람이다. 교회의 예언자적 사명은 바로 하나님 나라를 향한 열정에서 출발하는 것이다. 그럼에도 한국교회가 예언자적 역할을 망각한 채 기득권을 지키기 위해 극우적인 정치권력과 결탁하는 것을 두려워하지 않는다면 그 종교 집단은 결코 그리스도의 공동체나 교회라는 이름으로 불릴 수 없다. 따라서 하나님 나라의 가치를 추구하는 건강한 그리스도인이라면 권위주의적인 정치권력의 정치 선전에 현혹되지 말고 정치적 영역에서도 섬기는 자로서 민주적 다양성의 문제를 고민해야 한다. 파시즘과 같은 전체주의적 정치 체제는 어느 날 갑자기 등장하지 않는다. 오히려 이웃 사랑의 가치를 믿고 양심의 자유에 대해 고민하는 이들이 배타적인 사회적 흐름 앞에서도 침묵하며 아무런 행동을 하지 않을 때 민주주의는 무너지고 전체주의는 득세한다.[23] 그러므로 우리는 그리스도인의 도움을 필요로 하는 이웃에 대한 섬김이 사회적·정치적 영역에서도 실천되어야 할 기독교의 의무임을 반드시 명심해야 한다.

---

23   Loehr, *America Fascism and God*, 140.

참고문헌

한국어 도서

강학순, 『근본주의의 유혹과 야만성: 현대철학에 그 길을 묻다』(서울: 미다스북스, 2015).

도상금, 박현주, 『충동통제장애』(서울: 학지사, 2000).

배덕만, 『한국 개신교 근본주의』(논산: 대장간, 2010).

심수명, 『인격치료: 기독교 상담과 인지 치료의 통합적 접근』(서울: 학지사, 2008).

장문석, 『파시즘』(서울: 책세상, 2010).

조희연, 『박정희와 개발독재시대-5·16에서 10·26까지』(서울: 역사비평사, 2014).

하지현, 『청소년을 위한 정신의학 에세이』(서울: 미호, 2012).

황병주, "박정희 체제의 지배담론과 대중의 국민화", 『대중독재 1: 강제와 동의 사이에서』(서울: 책세상, 2004).

번역서

게리 R. 콜린스, 『폴 투르니에의 기독교 심리학』(서울: IVP, 1998).

그랜트 마틴, 『좋은 것도 중독이 될 수 있다』(서울: 생명의말씀사, 1994).

닐스 C.닐슨, 『종교 근본주의, 무엇이 문제인가』(서울: 글로벌콘텐츠, 2012).

데브라 호프 외, 『사회불안증의 인지행동치료: 사회불안 다스리기』(서울: 시그마프레스, 2007).

데일 라이언, 『중독 그리고 회복』(서울: 예찬사, 2005).

르네 지라르, 『낭만적 거짓과 소설적 진실』(서울: 한길사, 2001).

메리 조 메도우·리차드 D. 카호, 『종교심리학 하』(서울: 민족사, 1994).

미로슬라브 볼프, 『광장에 선 기독교』(서울: IVP, 2014).

사이토 준이치, 『민주적 공공성』(서울: 이음, 2009).

스라보예 지젝, 『전체주의가 어쨌다구?』(서울: 새물결, 2008).

스티븐 아터번·잭 펠톤, 『해로운 신앙: 종교 중독과 영적 학대의 치유』(서울: 그리심, 2013).

실라 맥그리거, "여성 차별," 제프리 디스티 크로익스 외, 『계급, 소외, 차별』(서울: 책갈피, 2017). 124-169.

아브라함 카이퍼, 『정치강령』(서울: 새물결플러스, 2018).

아치볼트 하트, 『숨겨진 중독』(서울: 참미디어, 1997).

_____. 『참을 수 없는 중독』(서울: 두란노, 2007).

에비 바칸, "마르크스주의 차별론", 『계급, 소외, 차별』(서울: 책갈피, 2017), 85-121.

움베르토 에코, 『신문이 살아남는 방법』(파주: 열린책들, 2009).

윌리엄 R. 밀러, 『중독과 동기면담』(서울: 시그마프레스, 2007).

제랄드 메이, 『중독과 은혜: 중독에 대한 심리학적 영적 이해와 그 치유』. 서울: IVP, 2005.

존 브래드쇼, 『상처받은 내면아이 치유』(서울: 학지사, 2009).

주디스 허먼, 『트라우마: 가정폭력에서 정치적 테러까지』(서울: 플래닛, 2007).

지오반나 보라도리, 『테러 시대의 철학: 하버마스, 데리다와의 대화』(서울: 문학과지성사, 2004).

켄 올렌데, "인종차별과 이민자 규제." 『계급, 소외, 차별』, 221-290.

콜비 피어스, 『애착장애의 이해와 치료』(서울: 시그마프레스, 2011).

필립 플로레스, 『애착장애로서의 중독』(서울: 눈, 2013).

행크 해네그래프, 『바벨탑에 갇힌 복음』(서울: 새물결플러스, 2010).

W. B. 클리프트, 『융의 심리학과 기독교』(서울: 대한기독교출판사, 1984).

원서

Adorno, Theodor W. et al. *The Authoritarian Personality*. New York: Harper & Brothers, 1950.

American Psychological Association. *Diagnostic and Statistical Manual of Mental Disorders*. 5th Editon.[=*DSM-5*] Washington, DC: APA, 2013.

_____. "attachment." *APA Dictionary of Psychology.* 2nd Ed. Washington, DC: APA, 2007.

Andreski, Stanislav. "Is Totalitarianism a Meaningful Concept?." In *Totalitarianism: Temporary Madness or Permanent Danger*. Edited by Paul T. Mason. Lexington: D. C. Heath and Company, 1967.

Arendt, Hannah. *The Human Condition*. Chicago & London: The University of Chicago Press, 2018.

Barth, Karl. *Römerbrief (Erste Fassung) 1919*. Edited by Hermann Schmidt. Zürich:

TVZ, 1985.

_____. *Christengemeinde und Bürgergemeinde.* ThSt 20; Zürich: EVZ-Verlag, 1946.

_____. *Rechtfertigung und Recht.* ThSt 4; Zürich: EBZ, 1938.

_____. *Gotteserkenntnis und Gottesdienst nach reformatorischer Lehre: 20 Vorlesungen (Gifford-Lectures) über das Schottische Bekenntnis von 1560 gehalten an der Universität Aberdeen.* Zürich: EBZ, 1938.

Beck, Aaron T. & Alford, Brad A. *Depression: Causes and Treatment.* 2nd Edition. Philadelphia: University of Pennsylvania, 2009.

Beckmann, Joachim. "Der Weg zur Bekenntnissynode der Deutschen Evangelischen Kirche in Barmen 1934." In *Die Barmer Theologische Erklärung. Einführung und Dokumentation.* Edited by Alfred Burgsmüller and Rudolf Weth. Neukirchen-Vluyn: Neukirchener Verlag, 1983. 11-21.

Beemyn, Genny. & Rankin, Susan. *The Lives of Transgender People* (New York: Columbia University Press, 2011).

Benjamin, Walter. "Kapitalismus als Religion." In *Gesammelte Schriften.* Vol. IV. Frankfurt a. M.: Suhrkamp Verlag, 1985: 100-103.

Calvinus, Ioannes. *Institutio Christianae Religionis. Corpus Reformatorum.* Vol. XXX. Calvini Opera. Vol. II. 『기독교강요』(CH북스 역간)

Cassidy, Jude. & Shaver, Phillip R., eds. *Handbook of Attachment: Theory, Research, and Clinical Applications.* 3rd Edition. New York: The Guilford Press, 2016.

Connolly, William E. *Capitalism and Christianity, American Style.* Durham & London: Duke University Press, 2008.

Driver, Tom. *Christ in a Changing World: Toward an Ethical Christology.* New York: Crossroad, 1981.

Durkheim, Émile. *Les formes élémentaires de la vie religieuse. Le systeme totemique en Australie-Quadrige.* Paris: Quadrige, 1990.

Kuss, Daria J. & Mark D. Griffiths. *Internet Addiction in Psychotherapy.* London: Palgrave Macmillan, 2015.

Erharter, Helmut. et al. Editors. *Prophetische Diakonie. Impulse und Modelle für eine zukunftsweisende Pastoral.* Wien: Herder, 1977.

Forst, Rainer. "Civil Society." In *A Companion to Contemporary Political Philosophy.* Volume 2. Edited by Robert E. Goodin, Philip Pettit & Thomas Pogge. 2nd Edition. Chichester: Blackwell Publishing, 2007. 452-462.

Foster, Richard J. *Celebration of Discipline: The Path to Spiritual Growth.* 20th

Anniversary Edition. New York: HarperCollins Publishers, 1998. 『리처드 포스
터 영적훈련과 성장』(생명의말씀사 역간).

Foucault, Michel. *Surveiller et punir: Naissance de la prison*. Paris: Gallimard, 1975. 『감시
와 처벌』(나남 역간).

Freud, Sigmund. *Totem und Tabu*. Frankfurt a. M.: Fischer Taschenbuch Verlag, 1991. 『토
템과 타부』(문예마당 역간).

Friedrich, Carl J. & Brzezinski, Zbigniew K. *Totalitarian Dictatorship and Autocracy*. New
York: Praeger, 1965.

Fromm, Erich. *Escape from Freedom*. New York: Owl Book, 1994. 『자유로부터의 도피』
(휴머니스트 역간).

_____. Psychoanalysis and Religion. New Haven & London: Yale University Press,
1950. 『종교와 정신분석』(두영 역간).

Gadamer, Hans-Georg. *Wahrheit und Methode: Gründzug einer philosophischen
Hermeneutik*. *Gesammelte Werke*. Vol. 1. Tübingen: J.C.B. Mohr (Paul Siebeck),
1999. 『진리와 방법 1』(문학동네 역간).

Gollwitzer, Helmut. "Der Christ zwischen Ost und West." In *Umkehr und Revolution:
Aufsätze zu christlichem Glauben und Marxismus*. Vol. 2. *Ausgew hlte
Werke[=AW]*. Vol 7. Edited by Christian Keller. München: Chr. Kaiser, 1988.
125-145.

_____. "Die Kirche in der zerspaltenen Welt" In *Umkehr und Revolution* 2. 146-161.

_____. "Die Weltverantwortung der Kirche in einem revolutionären Zeitalter." In ...*da
Gerechtigkeit und Friede sich küssen. Aufsätze zur politischen Ethik*. Vol. 1. *AW* 4.
Edited by Andreas Pangritz. M nchen: Chr. Kaiser Verlag, 1988). 69-99.

Grand, Alexander J. De. *Fascist Italy and Nazi Germany: The 'fascist' Style of Rule*. 2nd
Edition. New York & London: Routledge, 2004.

Gross, Bertram. *Friendly Fascism: The New Face of Power in America*. Boston: South End
Press, 1980. 『친절한 파시즘』(현암사 역간).

Haakonssen, Knud. "Republicanism." In *A Companion to Contemporary Political
Philosophy*, 729-735.

Habermas, Jürgen. *Der Strukturwandel der Öffentlichkeit. Untersuchungen zu einer
Kategorie der bürgerlichen Gesellschaft*. 14th Edition. Frankfurt a. M.: Suhrkamp,
2015. 『공론장의 구조변동』(나남 역간).

Hardacre, Helen. *Shinto: A History*. Oxford: Oxford University Press, 2017.

Hedges, Chris. *American Fascists: The Christian Right and the War on America*. London:

Jonathan Cape, 2007.

Hill, Darryl B. "Genderism, Transphobia, and Gender Bashing: A Framework for Interpreting Anti-Transgender Violence." In *Understanding and Dealing with Violence: A Multicultural Approach*. Edited by B. Wallace & R. Carter. Thousand Oaks, CA: Sage, 2002. 113-136.

Honneth, Axel. *Kampf um Anerkennung. Zur moralischen Grammatik sozialer Konflikte*. Frankfurt a. M.: Suhrkamp Verlag, 2016.『인정투쟁』(사월의책 역간).

Jung, Carl Gustav. *Psychologie und Religion*. Zürich&Stuttgart: Rascher Verlag, 1962.『심리학과 종교』(창 역간).

Kant, Immanuel. *Zum ewigen Frieden. Ein philosophischer Entwurf*. In *Kant-Werke in 12 Bände*. Vol. 11. Frankfurt a. M.: Suhrkamp, 1977.

Kimball, Charles A. *When Religion Becomes Evil: Five Warning Signs*. Revised and Updated Edition. New York: HarperCollins Publishers, 2008.『종교가 사악해질 때』(에코리브르 역간).

Klinken, Jaap van. *Diakonia: Mutual Helping with Justice and Compassion*. Kampen; Kok; Grand Rapids, Mich.: Eerdmans, 1989.

Krimm, Herbert. "Diakonie unter Urheberschutz." In *Liturgie und Diakonie. Zu Leben und Werk von Herbert Krimm*. Edited by Volker Hermann. Heidelberg: Diakoniewissenschaftliches Institut Heidelberg, 2003. 100-109.

Kuss, Daria J. & Griffiths, Mark D. *Internet Addiction in Psychotherapy*. London: Palgrave Macmillan, 2015.

Linz, Juan J. *Totalitarian and Authoritarian Regimes*. Boulder: Lynne Rienner Publischers, 2000.

_____. "An Authoritrian Regime: Spain." In *Cleavages, Ideologies and Party Systems: Contributions to Comparative Polititcal Sociology*. Edited by Erik Allardt & Yrjö Littunen. Helsinki: Transactions of the Westermarck Society, 1964. 291-341.

Loehr, Davidson. *America, Fascism and God: Sermons from a Heretical Preacher*. White River Junction: Chelsea Green Publishing Company, 2005.『아메리카, 파시즘 그리고 하느님』(샨티 역간).

Luther, Martin. "Von den Konziliis und Kirchen (1539)." In *Weimarer Ausgabe*[=*WA*]. Vol. 50. 488-653.

_____. "Von weltlicher Obrigkeit. Wie weit man ihr Gehorsam schuldig sein (1523)." *WA* 11. 245-280.

_____. "Sermon von den guten Werken (1520)." *WA* 6. 204-276.

Machen, John Gresham. *Christianity and Liberalism*. Charlesto SC: BiblioLife, 2009. 『기독교와 자유주의』(복있는사람 역간).

Mercier, Hugo. & Sperber, Dan. *The Enigma of Reason*. Cambridge: Harvard University Press, 2017. 『이성의 진화』(생각연구소 역간).

Michel, Henri. *Les Fascismes*. Paris: Presses Universitaires de France, 1979.

Mitzenheim, Moritz. *Politische Diakonie. Reden Erklärungen Aufsätze 1946 bis 1966*. Berlin: Union Verlag, 1967.

Nordstokke, Kjell. *Liberating Diakonia*. Trondheim: Tapir Akademisk Forlag, 2011.

Numbers, Ronald L. *The Creationists: The Evolution of Scientific Creationism*. Berkeley: University of California, 1993. 『창조론자들』(새물결플러스 역간).

Oakley, Lisa. & Kinmond, Kathryn. *Breaking the Silence on Spiritual Abuse*. London: Palgrave Macmillan, 2013.

Passmore, Kevin. *Fascism. A Very Short Introduction*. 2nd Edition. New York: Oxford University Press, 2014. 『파시즘』(교유서가 역간).

_____. *Fascism. A Very Short Introduction*. 2002.

Pisch, Anita. *The Personality Cult of Stalin in Soviet Posters, 1929-1953: Archetypes, Inventions and Fabrications*. Canberra: ANU Press, 2016.

Reich, Wilhelm. *Massenpsychologie des Faschismus*. Köln: Kiepenheuer & Witsch, 1986. 『파시즘의 대중심리』(그린비 역간).

Platon, Der Staat. München: DTV, 2010. 『플라톤의 국가(政體)』(서광사 역간).

Röhrich, Wilfried. *Die Macht der Religionen. Glaubenskonflikte in der Weltpolitik*. M nchen: Verlag C. H. Beck, 2004. 『종교 근본주의와 종교분쟁』(바이북스 역간).

Schapiro, Leonard. *Totalitarianism*. London: Macmillan, 1972.

Schmitt, Carl. *Der Begriff des Politischen. Text von 1932 mit einem Vorwort und drei Corollarien*. 9th revised Edition. Berlin: Duncker & Humblot, 2015. 『정치적인 것의 개념』(살림 역간).

_____. *Politische Theologie. Vier Kapitel zur Lehre von der Souveränität*. 10th Edition. Berlin: Duncker & Humblot, 2015. 『정치신학』(그린비 역간).

Smith, Adam. *The Theory of Moral Sentiments, The Glasgow Edition of The Works and Correspondence of Adam Smith*. Vol. 1. Edited by D. D. Raphael and A. L. Macfie. Indianapolis: Liberty Fund, 1984. 『도덕감정론』(비봉출판사 역간).

Sölle, Dorothee. *Creative Disobedience*. Eugenet: The Pilgrim Press, 1995.

_____. "Christofaschismus." In *Das Fenster der Verwundbarkeit*. Stuttgart: Kreuz Verlag, 1987.

Stackhouse, Max L. *Globalization and Grace, God and Globalization*. Vol. 4. New York:
   The Continuum International Publishing Group, 2007.
Vinay, Tullio. "Die politische Diakonie der Kirche." In *Die politische Diakonie der
   Kirche*. Edited by Jürgen Moltmann. Tübingen; J. C. Mohr, 1987. 1-26.
Voegelin, Eric. "The Political Religions." In *Modernity without Restraint, The Collected
   Works of Eric Voegelin*. Vol. 5. Columbia & London: University of Missouri
   Press, 2000. 19-73.
Weber, Max. "Politik als Beruf." In *Gesammelte politische Schriften*. 5th Ed. Tübingen: J. C.
   B. Mohr (Paul Siebeck), 1988. 505-560.
_____. *Gesammetle Aufsätze zur Religionssoziologie*. Vol. 1. 9th Ed. Tübingen: J. C. B.
   Mohr (Paul Siebeck), 1988.
_____. *The Sociology of Religion*. Translated. by Ephraim Fischoff. London: Methuem
   & Co, 1965. 『막스 베버 종교사회학 선집』(나남 역간).
Wolin, Sheldon S. *Democracy Incorporated: Managed Democracy and the Specter of Inverted
   Totalitarianism*. New Edition. Princento & Oxford: Princeton University Press,
   2017. 『이것을 민주주의라고 말할 수 있을까』(후마니타스 역간).
Wood, Alan. *Stalin and Stalinism*. 2nd Edition. London: Routledge, 2005.

백과사전/전문사전

"Authoritarianism." *Britannica Concise Encyclopedia*. Revised and Expanded Edition.
   New York: Encyclopedia Britannica Inc, 2006: 136.
"Cognitive Distortion." *APA Dictionary of Psychology*. 2nd Edition. Washington, DC:
   APA, 2007. 86.
"Fundamentalism, Christian." *Britannica Concise Encyclopedia*: 721.
"Idealization." *APA Dictionary of Psychology*. 518.
Marty, Marin E. "Fundamentalism." *International Encyclopedia of Political Science*. Vol. 3.
   Thousand Oaks: SAGE Publications, 2011: 934-939.
Mijolia, Alain de. "Psychoanalysis." *International Dictionary of Psychoanalysis*. Vol. 3.
   New York: Macmillan Publishing, 2005: 1362-1366.
Niebuhr, H. Richard. "Fundamentalism." *Encyclopedia of Social Sciences*, Vol VI. New
   York: Macmillan Publischers, 1937: 527.
Price, David H. "McCarthyism." *International Encyclopedia of the Social Sciences*. Vol. 5.
   2nd Ed. (Detroit: Macmillan Reference USA, 2008): 43-44.

Pettigrew, Thomas F. & Taylor, Marylee C. "Discrimination." *Encyclopedia of Sociology*. Vol. 1. 2nd Edition. New York: Macmillan Reference USA, 2000: 688-695.

신학사전

Beyer, Hermann Wolfgang. "διακονεω, διακονια, διακονο." *Theological Dictionary of the New Testament[=TDNT]*. Vol. II. Edited by Gerhard Kittel. Grand Rapid: WM B. Eerdmans Publishing Company, 1974: 81-93.

Vorgrimler, Herbert. "Diakonia." *Neues Theologisches Wörterbuch*. Freiburg: Verlag Herder, 2000: 128-129.

한국어 논문

김진환. "남한 국민의 대북의식과 통일의식 변천", 『현대사광장』 6 (2015): 72-93

노대영, 김지민, 김찬영. "강박장애의 개념과 진단기준의 변천과 향후 방향." *Anxiety and Mood* 6/2 (2010): 93-101.

박영균. "분단의 아비투스에 관한 철학적 성찰." 『시대와 철학』 20/3 (2010): 369-411.

외국어 논문

Britt, Laurence W. "Fascism Anyone?." *Free Inquiry Magazine*. 22/2 (2003): 20-22.

Fretheim, Kjetil. "Dimensions of Diaconia: The Public, Political and Prophetic," *Diaconia*, 4 (2013/6): 67-80.

Geyer, Michael. & Fitzpatrick, Sheila. Editors. *Beyond Totalitarianism: Stalinism and Nazism Compared*. Cambridge: Cambridge University Press, 2009.

Griffiths, Mark D. "Internet Addiction-Time to Be Taken Seriously?" *Addiction Research* 8 (2000): 413-418.

_____. "A 'Components' Model of Addiction within A Biopsychosocial Framework." *Journal of Substance Use* 10 (2005): 191-197.

Marun, Shadd. & Mann, Ruth E. "A Fundamental Attribution Error? Rethinking Cognitive Distortions." *Legal and Criminological Psychology* 11(2006): 155-177.

Moltmann, Jürgen. "Die Befreiung der Unterdrücker." *EvTh* 38 (1978): 527-538.

Mynatt, C. R., Doherty, M. E. & Tweney, R. D. "Confirmation Bias in a Simulated

Research Environment: An Experimental Study of Scientific Inference."
Quarterly Journal of Experimental Psychology 29/1 (1977): 85-95.

Pangritz, Andreas. "Politischer Gottesdienst. Zur theologischen Begründung des Widerstands bei Karl Barth." *Communio Viatorum* 39 (1997): 215-247.

Petry, Nancy M. et al. "An International Consensus for Assessing Internet Gaming Disorder Using the New DSM-5 Approach." *Addiction* 109 (2014): 1399-1406.

Wason, Peter. C. "Reasoning about a Rule." *Quarterly Journal of Experimental Psychology* 20/3 (1968): 273-281.

보고서

The Lutheran World Federation[=LWF]. *Diakonia in Context: Transformation, Reconciliation, Empowerment. An LWF Contribution to the Understanding and Practice of Diakonia.* Edited by Kjell Nordstokke. Geneva: LWF, 2009.

_____. *Prophetic Diakonia: "For the Healing of the World". Report Johannesburg, South Africa November 2002.* Geneva: LWF, 2002.

홈페이지 자료

미국정신의학회(APA) 홈페이지: 〈https://www.psychiatry.org/patients-families/dissociative-disorders/what-are-dissociative-disorders〉 (2020년 8월 20일 검색)

종교 중독과 기독교 파시즘
기독교 근본주의에 대한 정치신학적 비판

Copyright ©️ 박성철 2020

1쇄 발행 2020년 12월 23일

지은이	박성철
펴낸이	김요한
펴낸곳	새물결플러스

편 집	왕희광 정인철 노재현 한바울 정혜인
	이형일 나유영 노동래 최호연
디자인	윤민주 황진주 박인미 이지윤
마케팅	박성민 이원혁
총 무	김명화 이성순
영 상	최정호 곽상원
아카데미	차상희

홈페이지	www.holywaveplus.com
이메일	hwpbooks@hwpbooks.com
출판등록	2008년 8월 21일 제2008-24호
주 소	(우) 04118 서울시 마포구 마포대로19길 33
전 화	02) 2652-3161
팩 스	02) 2652-3191

ISBN 979-11-6129-186-4 93230

책값은 뒤표지에 있습니다.

이 도서의 국립중앙도서관 출판예정도서목록(CIP)은 서지정보유통지원시스템
홈페이지(seoji.nl.go.kr)와 국가자료공동목록시스템(nl.go.kr/kolisnet)에서
이용하실 수 있습니다. CIP2020051742